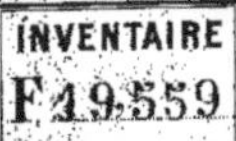

20 Centimes. — Paris, rue Navarin, 2. 1851 Gravures par les meilleurs Artistes.

LES EMPOISONNEUSES.

MADAME LAFARGE

OU

LES MYSTÈRES DU GLANDIER.

I.

Le drame raconté par les acteurs. — Le Glandier. — La famille Lafarge. — Les petits mécomptes et les grandes fautes.

Jamais, peut-être, l'opinion publique ne s'est passionnée avec plus de force, à propos d'une accusation non politique, pour et contre la personne qui était l'objet de cette accusation. Madame Lafarge, il est vrai, n'était point un accusé ordinaire. Son esprit et ses grâces naturelles, cultivées par une éducation telle que peut la donner à ses deux filles un colonel de la vieille garde impériale, jouissant d'une honnête aisance et des meilleures relations de société; le romanesque attrait de la physionomie expressive et accentuée de Marie Cappelle; le cercle grave et borné où son mariage avec Charles Lafarge, maître de forges, avait enfermé une jeunesse jusqu'alors dissipée aux plaisirs et aux distractions de la vie parisienne; le contraste du caractère et des inclinations de l'accusée avec cette monotone existence qui a pu, sinon jamais excuser, du moins expliquer des rêves insensés d'affranchissement et la conception d'un crime; enfin, et surtout, le doute qui n'a cessé de planer, durant le procès, sur la culpabilité de madame Lafarge, tant à cause des préventions favorables inspirées au public par son maintien digne etaffligé, sa parole claire, simple et facile, que par la contradiction dans laquelle sont tombés les experts-jurés chargés de constater dans le corps de feu Lafarge la présence du poison, — tout a concouru à faire, du procès de l'empoisonneuse du Glandier, l'un de ces drames judiciaires où éclatent, à chaque audience, à chaque scène, les murmures ou les applaudissements des spectateurs.

Peu s'en fallut que l'implacable et nécessaire impartialité de la justice ne reçût quelqu'atteinte des influences extérieures qui l'étreignaient de leurs fluides oracieux; peu s'en fallut que la conscience publique ne fût affligée du scandale de paroles irréfléchies ou de complaisances coupables!..

Toutefois, à part l'admission de circonstances atténuantes en faveur de Marie Cappelle, voleuse et empoisonneuse sans aucune provocation réelle, ni apparente nécessité, la société fut vengée, et la justice sortit une fois de plus triomphante de dangereuses épreuves: celles qui résultent pour elle de la pression générale des opinions contradictoires et exaltées.

Paris. — Imp. Blondeau, rue du Petit-Carreau, 32

Quelques mots, d'abord, pour familiariser le lecteur avec la scène où se déroula si rapidement la funèbre histoire qui nous occupe. C'est à la plume d'un écrivain de profession que l'on croirait devoir ce tableau, si l'on n'avait, d'ailleurs, comme nous, sous les yeux, la lettre écrite par la nouvelle mariée à madame Paul Garat, sa tante, le 22 août 1839, huit jours après son arrivée au Glandier. A d'autres facultés brillantes, Marie Cappelle joignait celle d'écrire et de penser comme un artiste et comme un homme, sinon de sentir comme une femme de bien.

Figure-toi, ma tante, écrit-elle, un voyage étouffant, un accès de fièvre qui me fait rester cinq heures à Orléans, et manquer notre arrivée partout où nous étions attendus; enfin, un orage affreux, des chemins devenus torrents, et une arrivée, au milieu de la nuit, dans une maison limousine, ce qui se traduit, en français, par sale, déserte, froide, sans meubles, ni portes, ni fenêtres fermantes. Je me crus la plus malheureuse des créatures, et je me mis à fondre en larmes en entrant dans le beau salon, qui est une chambre à alcôve avec cinq chaises parsemées le long d'un papier qui réunit toutes les nuances jaunes existantes; une commode couverte d'un tapis de pied, rehaussé par cinq belles oranges monstres; une cheminée avec deux flambeaux, contenant une belle chandelle luxueusement intacte, et une lampe de nuit où Adam et Eve s'entrelacent orgueilleusement sans péché, mais aussi sans feuilles.

La cuisine est la seule chose civilisée; on mange d'excellentes choses en abondance... Ma cuisinière est vraiment bonne, et quand elle mettra du goût dans son érudition, je pourrai dignement recevoir...

C'est horrible; mais, enfin, quand ce sera propre, je ne renonce pas pour cela à l'espoir de te voir ici. Je me suis, sur-le-champ, improvisé un salon. Imagine-toi que tout est arriéré de deux cents ans.

Achevons le portrait du Glandier, à l'aide de touches empruntées au spirituel pinceau de Mme Lafarge elle-même. Elle écrit à Mme de Montbreton, son amie, le 15 août 1839 :

Je suis au Glandier, c'est-à-dire dans le lieu le plus sauvage, le moins partagé par la nature, le plus oublié par la civilisation. Imaginez-vous quelque chose qui n'a ni portes, ni fenêtres, ni fauteuils, rien, et c'est encore un des plus commodes séjours du Limousin.

Le malheur de la vie est qu'on y rêve avant de vivre, et que rien n'est triste comme la déception. Enfin, si l'arrivée me serra fortement le cœur, je suis plus forte maintenant, et je m'institue gaiement le Robinson de mon petit domaine... J'ai de petites montagnes, des vallées, une rivière, et pas une bonne chaise, pas une table, rien de ce que les hommes ont fait. Tout me vient *directement* de la main de Dieu.

... Les hommes se marient à dix-huit ans, les femmes de quinze à seize. On a des enfants annuellement comme un revenu; on boit beaucoup, on mange immensément, et l'on va droit au ciel par un chemin aussi long qu'ennuyeux!

Il y avait toutefois des compensations pour la Parisienne, habituée au luxe et au *comfort*, jusque dans cette *barbarie* qui la scandalisa si fort le premier jour. Pour la femme intelligente des choses de la nature et accessible aux impressions heureuses qui émanent des champs, des arbres, des eaux vives et des fleurs, il y avait de quoi se satisfaire. Elle en convient:

Lorsque je sens, écrit-elle encore, une larme qui coule sur mes joues, alors que, seule dans une grande chambre déserte, je pense à ceux que j'aime, je mets vite un chapeau et je vais admirer les plus belles prairies, les sites les plus délicieux qui m'entourent, qui sont à moi avec leur verdure et leurs torrents... A mon arrivée tous les paysans, nos voisins, sont venus en procession me souhaiter la bienvenue, les hommes m'apportant des gerbes, des volailles, du poisson; les femmes des fruits, du lait, des fromages. On a ensuite élevé un mai immense couronné de fleurs et de drapeaux; on a dansé une bourrée qui a duré!...

Charles m'a fait la surprise d'une jolie jument, gris pommelé, mon rêve de dix ans! C'est ma possession. Seule je la monte, et cet empire unique m'enchante. Je suis allée faire beaucoup de visites dans le voisinage et de jolies parties de cheval; on me reçoit avec une grâce et un empressement fort agréables et dont Charles est surtout bien heureux... La race des chevaux limousins est élégante et surtout adroite et solide sur ses jambes, ce qui est nécessaire dans un pays où les chemins sont inconnus et où l'on ne peut aller en voiture...

Si le côté pittoresque de la contrée avait été saisi et savouré par la jeune femme, les jouissances de la vie de société ne lui étaient pas non plus totalement interdites. On allait dans les environs, et la ville n'était pas hors de portée.

J'ai été, écrit-elle à sa tante Garat, horriblement vagabonde cette semaine, que j'ai entièrement passée hors de chez moi, faisant des visites de noces dans les environs. Beaucoup m'ont paru ennuyeuses; mais j'ai cependant trouvé des personnes fort bien et aimables, que je compte voir souvent. Nous avons été à Tulle pour deux jours; la préfette, sœur de M. Odilon Barrot, a été charmante pour moi. Je ne puis te dire combien on m'a témoigné d'indulgence; on me choie, on me fête, je fais des frais de mon côté et j'ai réussi au-delà de mes vœux. — On m'a donné un bal à Uzerches : c'était fort laid; mais l'attention suppléa aux lumières, les compliments me firent oublier la fausseté des artistes raclants, enfin je ne m'ennuyai pas. J'étais bien mise et *en beauté, ce qui m'arrive assez depuis mon mariage.*

Eh quoi! la coquetterie elle-même trouvait son compte à cet exil, que l'amabilité des voisins et la beauté d'une nature vierge eussent rendu tolérable à tant d'autres personnes élevées même, comme Marie Cappelle, dans la maison impériale de Saint-Denis.

Les exigences du cœur le plus sensible et le plus développé n'y auraient-elles point trouvé aussi de quoi s'appaiser, sinon se satisfaire? Quel était donc le caractère de cette famille par laquelle Marie Cappelle venait d'être adoptée? Elle-même nous l'apprendra, et le bien qu'elle dira de son mari et de ses nouveaux parents, ne serons-nous pas tenus de le croire?

Je veux vous écrire une grande nouvelle, mon cher monsieur Elmore, une nouvelle que je ne crois guère, qui m'étonne plus qu'elle ne vous étonnera. Moi, si difficile, si réfléchissante aux mauvais côtés de toutes choses, je me marie en poste. — Mercredi je vois un Monsieur chez Musard, je lui plais et il ne me plaît pas beaucoup. Jeudi il se fait présenter chez ma tante Garat; il se montre si soigneux, si bon, que je le trouve mieux. Vendredi il me demande officiellement. Samedi je ne dis pas oui, mais je ne dis pas non, et dimanche, aujourd'hui — les bans sont publiés!...

Voici les détails que je puis vous donner : M. Lafarge a vingt-huit ans, une assez laide figure, une tournure et des manières sauvages, mais de belles dents, un air de bonhomie, une réputation excellente. Il est maître de forges, a ses propriétés dans le Limousin, à 210 lieues de Paris, où il revient tous les ans pour ses affaires. Du reste, il m'adore, ce qui me semble assez doux; il aime les chevaux. Le haras de Pompadour est à une 1/2 lieue du Glandier, et c'est à cause des belles courses qui ont lieu le 17 août qu'il désire cette excessive presse qui me fera marier avant cette époque (1).

Marie Cappelle continue ainsi, dans d'autres lettres que nous avons sous les yeux, le portrait de son mari et de sa famille limousine :

Charles est l'homme le plus correspondant à ce qui m'entoure, cachant sous une enveloppe sauvage et inculte un noble cœur, *m'aimant par dessus tout et mettant toutes ses pensées à me rendre heureuse.* Il m'adore, me révère. Sa mère est *une excellente femme*, qui se mettrait au feu pour son fils, qui m'accable de caresses, *qui a de l'esprit et de l'éducation* étouffés sous les soins minutieux du ménage. Fort heureusement je fais ce que je veux; ma belle-mère ne comprend pas que je ne trouve pas tout parfaitement admirable, mais elle me laisse faire sans prendre trop de soucis. J'ai déjà des maçons, des charpentiers..... J'attends l'arrivée du petit André (un domestique qu'elle faisait venir de Paris). S'il le fallait nous irions jusqu'à 250 fr..... Je dis nous, car Charles voit par mes yeux, sent ce que je sens, enfin n'est guère lui-même, ce qu'il avoue très-gentiment vingt fois par jour. *Je ne puis t'exprimer combien il m'aime;* rien n'est doux comme de pouvoir s'appuyer ainsi sur l'amour d'un être plus fort que soi, qui vous protège sans vous dominer.....

Toute ma nouvelle famille est parfaite pour moi; on m'accable de prévenances et de soins. Je suis aussi bien reçue partout et très à la mode dans nos déserts. Ma santé est excellente, je me porte aussi bien au moral qu'au physique. Enfin je suis, grâce à Dieu, *chez moi*, *aimée*, *tranquille*, *heureuse*.....

Mon ménage va très-bien; je suis toujours approuvée par ma belle-mère, toujours devancée par mon mari. Mes domestiques sont sinon parfaits, du moins empressés, gais et contents.....

Ma belle-sœur est une gentille et aimable petite femme, mon beau-frère, un jeune homme très-bien. Toute ma nouvelle famille est délicieusement bonne pour moi; on m'adore, on m'admire; j'ai toujours parfaitement raison. Charles est comme un enfant, il voudrait que je misse toutes mes jolies choses à la fois; il est fier de mes succès, et quand notre bon piano de Pleyel attire l'étonnement de nos bons voisins, qu'on m'écoute avec l'attention qu'on prêterait à Listz ou à Chopin, il se trouve le plus heureux des hommes.

(1) On verra plus loin que si l'amour dont M. Lafarge s'était épris pour Marie Cappelle était sincère, des motifs d'intérêts étaient toutefois la véritable cause de la promptitude apportée par lui dans la célébration de son mariage.

Le pays est admirable, la forge ravissante... de belles prairies... des eaux superbes... Je suis bien la femme la plus maîtresse, la plus obéie de France et de Navarre.

Nous voulons qu'il y eût à rabattre de ces épithètes admiratives et presque passionnées. Nous faisons la part de la première ivresse de posséder et de régner; mais entre ce contentement soudain et qui éclate dans la correspondance de madame Lafarge avec ses anciens amis, et l'horreur que lui avait inspirée l'aspect d'une maison limousine avec des *oranges-monstres* et deux chandelles pour garniture de cheminée, il y a une moyenne à prendre. Cette moyenne nous la trouvons toute prise par le respectable curé d'Uzerches, M. l'abbé Boutin, dans la déposition qu'il fit plus tard à l'audience de la cour d'assises de Tulle :

M. LE CURÉ : Tout ce que je puis dire, c'est que la famille Lafarge était une famille honorable, jouissant de la considération publique... Je suis allé au Glandier, où j'ai été reçu de la manière la plus cordiale.

« La famille paraissait vivre au sein de la plus touchante union. J'aimais à voir l'œil tendre de cette bonne mère, qui caressait son fils, cette union intime qui existait entre le frère et la sœur. J'ai vu madame Lafarge, j'ai eu des relations avec elle comme confident religieux... »

M. L'AVOCAT-GÉNÉRAL : Vous avez eu occasion de visiter le Glandier. Cette demeure, sa solitude, son isolement étaient-ils de nature à imprimer un sentiment de profonde tristesse?

R. — Cette vue ne m'a pas imprimé de tels sentiments. Je n'ai fait autre chose que penser aux vieux chartreux qui avaient peuplé les murs de cette antique abbaye. *(Sourires de l'auditoire.)*

Ainsi le Glandier était une retraite austère assurément pour une femme du monde; mais, renfermant de tels éléments de bonheur réel et durable, qu'il faut chercher ailleurs la cause du crime commis par Marie Cappelle.

Les dépositions de la mère infortunée de M. Lafarge jettent sur ce hideux mystère un jour que complétera tout-à-l'heure une autre citation. Ecoutons le récit simple et touchant de madame Lafarge mère :

« A l'arrivée de Marie au Glandier nous étions tous enchantés, et c'est la vérité de dire que nous éprouvions tous un bonheur inexprimable. Marie, du moins nous le crûmes, répondit aux sentiments que nous lui exprimions. Au bout d'une demi-heure elle demanda qu'on lui donnât une plume et de l'encre. On s'empressa de la satisfaire. Marie s'enferma et écrivit. Quelque temps après on se mit à table. Marie fit les honneurs du repas. En finissant de dîner, elle dit qu'elle était fatiguée. Son mari lui conseilla d'aller se coucher; elle accepta et il la conduisit jusqu'à sa chambre. Vous êtes chez vous, Marie, lui dit-il, et il se retira un moment après. Ne voyant pas revenir mon fils, j'allai à sa chambre et je fus bien étonnée de ce que je vis. Il se frappait la tête avec ses mains, il pleurait, il sanglottait, il était désespéré. Il tenait une lettre à la main.

— Est-ce que tu as reçu une lettre anonyme?

— Ce n'est pas une lettre anonyme; c'est la femme de chambre de Marie qui vient de me la remettre... Je veux absolument avoir une explication avec elle; je vais aller la trouver. Si elle ne veut pas ouvrir j'enfoncerai la porte.

« Il y alla; après assez de difficultés il parvint à entrer. Effrayée, j'allai écouter à la porte, j'entendis beaucoup de bruit, des gémissements, des cris; il pleurait, suppliait. J'entrai, et une scène douloureuse s'offrit à mes yeux. Charles était à genoux; il tenait sa femme dans ses bras, et elle le repoussait.

« Elle répétait ce qu'elle avait écrit dans sa lettre, *qu'elle n'aimait pas son mari, qu'elle en aimait un autre*, par qui elle avait été abandonnée. Charles s'écriait : « Que je suis « malheureux, moi qui étais disposé à l'aimer et à la rendre « heureuse! » Puis il recommençait ses supplications.

« Et, comme il tutoyait Marie, celle-ci l'interrompant lui dit sèchement :

« On ne se tutoie point, dans ma famille. »

« Nous étions tous désespérés; nous n'osions pas parler à Charles. Celui-ci, dans un moment, lui dit : « Je vois bien ce que vous voulez, Marie : vous voulez une séparation, mais vous n'y parviendrez pas, je vous affirme que vous ne l'aurez pas. Restez seulement un mois avec moi. Si vous l'exigez après ce temps-là, je vous accompagnerai dans votre famille; je vous y laisserai; je reviendrai ici, moi, penser toujours à vous. » Marie ne fut pas le moins du monde touchée de ces paroles, et répondit d'une voix qui nous effraya :

« Cette séparation, je l'aurai. »

« Charles alors se laissa aller la tête sur mon épaule; je l'entraînai loin de cette scène, et lorsqu'il fut arrivé dans sa chambre, il eut une attaque de nerfs affreuse. Lorsqu'il fut revenu à lui-même il nous appela, et dit à ses domestiques qu'il fallait veiller pendant la nuit et prendre des armes. « Elle a dit qu'on viendrait la délivrer, disait-il; si quelqu'un vient, tirez, ne ménagez personne. Voyez si les chiens sont là; elle m'a dit que, si elle voulait, je n'existerais pas demain. »

« Nous passâmes la nuit la plus affreuse. J'oubliais de dire que ma fille avait été lui parler, et comme Marie parlait de poison, ma fille lui dit :

« Où sont vos principes? où est votre religion?

— « Ah! répondit-elle, du poison, du poison! c'est une maladie de famille. »

« Mais, je me trompe (dit le témoin en se reprenant), j'aurais dû dire ça plus tôt; c'est devant mon fils qu'elle a dit que le poison était chez elle une maladie de famille.

« Le lendemain, Marie se leva et parut très-fatiguée; cependant elle était bien, elle était tranquille. Lorsque je la vis, son mari était près d'elle et tenait sa main; de l'autre main, qu'il avait libre, il cachait ses larmes. M. Poultier, mon frère, étant venu, apprit de moi tous ces détails et tâcha de rendre à Charles un peu de courage; il lui dit : « Laissez donc cette femme, et, si elle veut partir, laissez-la aller. » Ces exhortations étaient sans effet; il était toujours dans le désespoir, il disait : « Certainement que si elle veut s'en aller tout de suite, je ne pourrai pas la garder de force; mais elle ne pense pas, j'en suis bien sûr, tout ce qu'elle a dit. »

« A notre grand étonnement dans tout le cours de la journée rien n'y parut plus : Marie se conduisit comme si rien n'avait eu lieu la veille. Elle s'occupait même de sa maison, disant : « Il faudra changer cette cuisine, il faudra refaire ce salon de compagnie. » Elle donna même des ordres pour faire venir des ouvriers. Charles, à la vue de ce changement, était dans l'enchantement; il en faisait des folies, et nous-mêmes, ravis de cette transformation si rapide, nous faisions mille caresses à Marie. Bref, nous l'aimions, nous l'aimions... enfin comme nous aimions Charles!...

« Je suis sûre que jamais, jamais de la vie, on n'a aimé une femme comme cela!

« Quelques jours après, Marie eut une espèce d'attaque, un coup de sang, selon elle; mais je me doutai que c'était une scène jouée, elle tournait les yeux d'un air qui ne me parut pas naturel. Quant à Charles, il était désespéré; il était blanc comme un linge. « Oh! mon Dieu! disait-il, qu'a donc Marie? Il faut lui faire des frictions, il faut la soigner. » Il fit pour cela tout ce qu'on peut imaginer. « Aména (c'est sa sœur), Aména, disait-il, va vite lui préparer un bain; dépêche-toi, occupe-toi de cela toi-même. » Pendant ce temps-là il envoyait chercher un médecin à Uzerches au grand galop. Marie, pendant tout ce temps, avait les yeux fermés; mais, comme j'avais des soupçons, je m'aperçus bien que Marie voyait.

« Aussi je dis à mon fils de se tranquilliser. Le médecin justifia ma pensée en nous disant : « Ne vous inquiétez pas tant, elle n'a pas plus de coup de sang que moi. « Marie, qui sut cela apparemment, ne voulait plus voir M. Bardou. « Je suis bien sûre, disait-elle, que j'ai eu un coup de sang. Ah! j'ai été bien malade! mon pauvre Charles a eu bien soin de moi; il m'a sauvé la vie, je n'aimerai que lui. Je veux lui en témoigner ma reconnaissance : *je voulais faire mon testament; je veux le faire de suite avant d'être encore malade.* » Puis, s'adressant à sa domestique : « Vous savez que je vous l'ai dit, Clémentine, je le ferai. » La servante répondit : « Oui, madame. »

« Mon pauvre fils me parla de ce testament : « Il faut, me dit-il, qu'elle m'aime bien! Il faut que je fasse aussi mon testament. » Je lui répondis : « Tu as donné à ta femme tous tes revenus; si vous avez des enfants, ce sera toujours pour elle. — Je lui ai parlé de mon testament, répondit Charles; elle m'a même dit qu'elle ferait le sien sur le mien. Il le faut absolument. Dans peu de temps j'aurai mon brevet... (1); elle sera contente, elle sera heureuse, et j'espère qu'il ne nous arrivera rien ni aux uns ni aux autres. »

« Le lendemain, en entrant dans la chambre de Marie, je vis qu'elle serrait un papier sur lequel elle était en train d'écrire : « Je vous gêne? lui dis-je, je vais me retirer. »

— Oh! mon Dieu! non, ma mère, dit-elle, j'écrirai plus tard; asseyez-vous. Savez-vous ce que faisais-là? J'étais en train d'écrire un testament pour mon Charles; et, puisque vous voilà, vous le lui remettrez. Vous comprenez qu'en faisant cela je n'ai pas l'intention de lui faire de la peine; et il en aurait si c'était moi qui lui remettais ce testament, car je suis bien malade. »

Moi qui savais déjà que c'était une chose convenue entre Lafarge et sa femme que cet échange de testaments, vous concevez que je ne fus pas dupe. Je vis bien qu'elle voulait me faire croire que cela venait d'elle-même. Lorsqu'elle me remit ce testament, je lui dis, après l'avoir lu, que je ne le croyais pas bon. Elle me dit : « Je vous assure qu'il est bon..» Elle reprit le testament et le cacheta avec des pains à cacheter en gomme. Cependant je fis part à Charles de mes doutes, et je lui dis que je ne croyais pas que le testament fût valable dans la forme où il était. « Elle l'a fait sur le mien, pauvre mère, et tu ne veux pas qu'il soit bon! Toutefois, voyons, dit-il. » Il prit le testament, et, après l'avoir lu, vit qu'il entrait dans une foule d'explications sans rien de positif. Elle le chargeait, par exemple, de donner tels ou tels objets de toilette à des personnes que son cœur lui ferait bien deviner. Après l'avoir lu, Charles me dit : « Tu as raison, pauvre mère, il ne vaut rien. »

« Je dis encore à mon fils : « Vois-tu, tu aurais dû en rester là et te contenter de ce que tu as fait pour ta femme dans ton contrat de mariage. » Il fut convenu que nous consulterions M. Lacheze-Hurel sur ce testament, et je fis part de cette circonstance à Marie. Elle ne dit là-dessus que ce peu de mots : « C'est pour votre fils, je ne vous en veux pas. » Je fus tellement touchée de ce procédé, j'en ressentis tant de reconnaissance, que je m'empressai de lui écrire une lettre où je lui disais qu'elle était charmante, qu'elle avait un bien bon caractère... »

On le voit, il fallait peu de chose pour contenter cette pauvre mère et son fils. Tous les bons procédés étaient prodigués sans arrière-pensée à la jeune épouse, et ce n'était qu'en face de bizarreries singulières, d'extravagances cruelles, de feintes inutiles, que le cœur du mari se serrait de douleur, et que l'inquiète sollicitude de sa mère pour lui était douloureusement tenue en éveil.

Mais enfin, rien encore qu'un naturel égoïste, l'absence d'éducation morale et de principes sérieux, si souvent alliée à une instruction brillante et à des habitudes de luxe et d'élégance; rien qui ne se voie un peu partout dans notre siècle; rien qui dût faire présager encore un horrible attentat.

Un reproche toutefois, et un reproche grave, peut être adressé à la famille Lafarge : Connaissait-elle bien cette jeune femme avant de l'adopter? Les vaines formules de présentation et l'inventaire des valeurs composant la dot sont-elles des garanties suffisantes du bonheur conjugal? La société de notre temps, toute aux intérêts matériels, dit : Oui. Le philosophe n'est-il pas contraint de dire : Non?

Quelle malheureuse union que celle-là, à part le crime affreux qui l'a rompue! Voyons sous quels auspices elle fut contractée. Voyons de quoi il s'agissait pour Charles Lafarge (1) en allant chercher femme à Paris. Une déposition va nous l'apprendre. C'est celle de M. Coinchon de Beaufort, dix-huitième témoin entendu dans le cours des débats. Remarquons que M. Coinchon avait été cité par la défense, et que M. Lafarge avait épousé mademoiselle Coinchon en premières noces.

« LE TÉMOIN. — J'ai passé trois jours au Glandier avant le mariage en secondes noces de Lafarge avec Marie Cappelle. (Je dois prévenir la Cour et MM. les jurés que je suis en procès avec cette famille : je dis cela d'avance, parce qu'on pourrait croire que je parle dans mon intérêt.)

A cette époque, M. Lafarge m'avoua qu'il avait 38,000 fr. de dettes, et il ajouta qu'il avait tout fait pour se marier.... »

Ainsi les affaires de M. Lafarge n'étaient pas en ordre dès l'époque de son premier mariage, et il avait cherché une amélioration à sa position commerciale dans le premier lien conjugal qu'il avait formé. Ces embarras pécuniaires avaient survécu à la première dame Lafarge. Preuve en soit la déposition du sieur Barbier (Denis), entré, en 1839, au Glandier, comme commis et homme d'affaires de M. Lafarge.

D. — Où avez-vous connu Lafarge?

R. — A Paris, au moment où M. Gauthier *lui négociait un mariage*. Je l'ai trouvé chez un agent d'affaires. Nous en sortîmes, et je lui dis : « Ne vous fiez pas à ces gens-là, ils vous perdront. »

M. Lafarge prit des renseignements sur moi, et me fit demander pour aller chez lui... Je m'y décidai.

D. — Quelles furent vos conditions?

R. — Huit cents francs par an, un logement et un jardin.

D. — C'est au mois de juillet 1839 que commencèrent vos liaisons avec M. Lafarge. Vous lui avez fait des billets de complaisance. A quelle époque les lui avez-vous faits?

R. — Il y en a eu de faits à Paris. Au Glandier, il avait besoin d'argent, je lui ai fait un billet de 4,000 fr. et d'autres; mais il a toujours bien payé ces billets. Jamais il n'a eu un billet protesté pendant sa vie.....

D. — Comment signiez-vous?

R. — Je signais Barbier de mon nom. Mais M. Lafarge me demanda de ne me faire connaître que par mon nom de baptême. Je lui dis : « Je ne veux point vous désobliger, je vais prendre le nom de Denis. »

Or, il résulte, en effet, des pièces à conviction, que cinq effets, pour un total de 8,000 fr., furent souscrits de cette façon par Denis Barbier, et le rapport des dates montre que les embarras pécuniaires qui portèrent Lafarge à ces coupables subterfuges contribuèrent aussi à précipiter le mariage qu'il conclut avec mademoiselle Cappelle, orpheline dont la fortune s'élevait à 30 ou 40 mille francs, et qui crut faire un mariage beaucoup plus riche, lorsqu'en réalité c'était un secours nécessaire pour Lafarge que les 30 ou 40 mille francs de l'apport de Marie Cappelle.

C'était assurément conclure cette union nouvelle sous de fâcheux auspices. M. Lafarge ne connaissait bien de mademoiselle Cappelle, que le chiffre de sa dot et les grâces extérieures de sa personne. Il n'avait pas hésité à s'adresser à des courtiers de mariage, pour trouver ce qu'il cherchait.

Le passé de Marie Cappelle était pour lui un mystère, qu'il négligea d'approfondir, son caractère une — énigme, qu'il ne put résoudre qu'au prix de sa vie.

Marié, avec des sûretés, qui ne lui eussent sans doute pas semblé suffisantes, s'il se fût agi d'une simple association commerciale, Lafarge fut assez malheureux pour s'enamourer de son associée, avec cette âpreté, cet entêtement qui caractérisent le Limousin. De là, ses emportements, de là, la facilité avec laquelle se succédèrent dès les premiers temps, les scènes de colère et de tendresse; de là, son aveuglement. Mais, si Marie Lafarge n'eût pas été la plus capricieuse et la plus fantasque des femmes, l'amour de son mari eût été simplement tendu, jaloux peut-être, mais non point exaspéré par les résistances d'une prude sans cœur à des désirs légitimes; non point assombri par ces funèbres fantaisies d'échange de testament, dès le premier quartier de la lune de miel. Lafarge aurait pu être heureux, après avoir été imprudent.

Lafarge se prête au caprice testamentaire de sa femme. Il croit acheter encore à vil prix la tendresse subite que sa femme lui témoigne après l'avoir si durement humilié et repoussé. Il lui remet un testament par lequel il dispose envers elle de tout ce qu'il laisserait à son décès. Aussitôt Marie Cappelle transmet cette pièce à M. Legros, notaire, à Soissons. Ces choses se passaient au Glandier, le 28 octobre

(1) Un brevet d'invention relatif à l'industrie métallurgique.

(2) Le nom de *Pouch* était le véritable nom du propriétaire des forges du Glandier. Celui de Lafarge est un sobriquet par lequel Charles Pouch était distingué, par les paysans, des autres personnes de sa famille portant comme lui le nom de Pouch. *Lou moussu de la Farge* (le monsieur de la Forge), comme ils eussent dit : Le monsieur du Moulin. Aussi Marie Cappelle, ayant éprouvé le besoin d'une particule nobiliaire, eût-elle mieux fait, au point de vue de l'étymologie, de s'appeler simplement *Madame de la Farge* que *Madame L. de Glandier*, comme elle signa plusieurs fois.

1837. Lafarge, avons nous dit, avait fait une découverte propre à améliorer l'industrie métallurgique à laquelle il se livrait. Il songe à obtenir un brevet d'invention et à se procurer de nouveaux capitaux pour l'exploiter. Sa femme, qu'il a mise dans la confidence de ses projets, y entrevoit un moyen de restaurer les affaires de son mari, et le presse de les mettre à exécution. Lafarge part pour Paris au milieu du mois de novembre, le 19, et il y passe six semaines occupé de ses affaires et tenant sa femme au courant de ses démarches, de ses anxiétés, de ses succès.

M. Lafarge à Madame Lafarge.

« Limoges, lundi soir, 20 novembre 1839 — Il est dix heures, bonne petite Marie, et tu sais que *c'est l'instant de ne songer à rien plus qu'à l'amour que nous avons l'un pour l'autre*; je suis éloigné de seize lieues de toi, et cette nuit va me laisser bien de la tristesse lorsque, cherchant à mes côtés, *ma main ne rencontrera plus l'objet de mes rêves et de mes pensées*. Oui, mon ange, je te le répète, c'est un bien grand sacrifice pour moi que celui de ne pas t'avoir! Penser à toi, la récréation est douce et suave; penser que je t'aime, que je t'adore, rend mon cœur content, mais tu me manques... Me dire à moi-même qu'à l'heure où je t'écris tu m'aimes, *que tu es toute à moi*, ah! que cette pensée me rend heureux!. .

Paris, 3 décembre 1839. — Mon brevet, mon amie, je ne crois pas que je puisse manquer de l'obtenir: je presse autant que je peux. La plus grande difficulté pour moi c'est de trouver des fonds *absolument indispensables*. Cependant il ne s'agit que d'un peu de bonne volonté pour nous procurer notre bien-être à venir. Une recommandation seule de M. Garat faisant mon éloge sur ma conduite, sur ma moralité, l'amour du travail que j'ai et mon désir d'acquérir de la fortune, suffirait. En affaires on n'aime pas les trembleurs; on veut parler, parler franchement et sans crainte sur la personne présentée. Une fois bien assis sur la moralité de la personne, une bonne hypothèque répond du reste. Il me semble qu'ici rien ne saurait répugner à faire une semblable démarche; mais si elle est faite avec tâtonnement, et par détours, on ne peut plus inspirer que de la défiance; alors plus d'affaires possibles; il vaudrait mieux rester chez soi.

Si ton oncle Paul voulait me présenter chez plusieurs banquiers, et convenablement.......

Les premiers passages soulignés, nous montrent que les rigueurs conjugales de Marie Lafarge ont cessé et qu'elle est *toute à son époux*, au moment où il la quitte. Le dernier passage souligné nous prouve que le mariage de Lafarge n'a pas suffi à le tirer de sa gêne pécuniaire, et que les espérances de fortune des deux époux se concentrent sur le succès du brevet d'invention pris par Lafarge, succès subordonné lui-même aux emprunts que le crédit de sa femme auprès de ses oncles et de ses amis, pourra lui procurer.

Ainsi, quoique nulle part on ne trouve dans la correspondance de madame Lafarge trace de la déception que dut lui causer la découverte des embarras financiers de son mari, il est constant qu'elle y est initiée et qu'elle s'occupe des moyens de faire réussir les démarches de Lafarge à Paris. Les lettres qu'elle lui écrit sont empreintes de la double influence d'un amour conjugal assez exigeant, contrarié par l'absence, et du souci des affaires métallurgiques, le tout pailleté de ce clinquant d'épigrammes dont cette femme étrange saupoudre tout ce qu'elle écrit.

Madame Lafarge à M. Lafarge (1).

Oh! la vilaine procuration qui m'arrive sans un baiser de mon ami! Je déteste les affaires qui nous séparent; le temps me semble un siècle loin de toi..... Pour t'écrire ce soir, j'ai fait *la toilette*; mes cheveux flottent, mes yeux brillent de souvenirs qui se rapportent tous à toi. Tu m'aimerais! mon miroir me l'a dit et je l'en remercie.....

J'ai eu ce matin la visite de M. D... Il passa deux heures à causer assez lourdement. Je lui ai trouvé un *rhume de cerveau dans l'esprit*, et il m'a *éternué* quelques grosses naïvetés. (S'il n'avait fait trois lieues pour me voir, je dirais *bêtises!*)

M. Denis (Barbier) n'est pas encore de retour. La forge va bien, mais on craint une pénurie prochaine de charbon... Je crois plus en la persuasion truffée qu'en la persuasion épistolaire, et j'espère, en fait de négociations, dans les estomacs bourrés par tes soins. Je t'en prie, ne reviens pas sans avoir tranché d'une manière ou de l'autre la difficulté d'argent.....

M. Denis vient d'arriver, et, la forge va très-bien, la plupart des bois sont rentrés..... J'ai été chez le curé et l'abbé, que j'ai trouvés charmants, parlant opéra, italiens, tout cela avec soixante ans, ce qui le rendait permis. M. Auguste m'a reçue avec un empressement qui lui fit sauter six marches, au risque de son cou; sa femme me plait..... madame Fleignac est parfaitement aimable..... elle me donne à dîner avec tous les Vizois la semaine prochaine.....

J'aime tous ceux qui abrégent ton absence. Seulement, mon ami, mets de la prudence alors qu'il s'agira du retour; ta présence peut tout hâter, tout obtenir, et si l'on vous oublie présents à Paris, juge si les absents ont tort! La difficulté des affaires d'argent m'effraie horriblement, mais courage! avec la volonté ferme l'homme est tout puissant; plus que personne tu sais vaincre.

D'après ma lettre, tu auras été chez madame Wells; je doute que tu y aies réussi; mais tu n'a pas oublié sans doute de tenter M. Rothschild par l'entremise de mon oncle de Martens. Tu auras pris des renseignements sur la possibilité d'exploiter ton brevet à l'étranger ou chez les maîtres de forges français; enfin tu devrais voir des arrangements possibles avec un associé: il faut tenter de tout et avoir plusieurs cordes à son arc. Il me semble impossible que tu reviennes ici sans une décision sur ce point; sans fonds tu ne peux tirer avantage de ton brevet. A Tulle et à Limoges ils sont sans le sou. M. Elmore ne connait personne à qui il puisse s'adresser; aussi je crois inutile de lui en écrire.

N'oublie pas que pour mes affaires de Villers-Hélon tu es le maître; ce que j'ai est à toi: emprunte, vends, j'approuve tout d'avance. Il me semble que 30,000 francs sur le champ seraient indispensables pour acheter des bois.

J'ai été hier dîner et coucher à Vizois, et je suis revenue ce matin sans accident ni fatigue. Madame Fleignac a été excessivement reconnaissante de ma venue; j'avais une jolie toilette, et j'étais assez passable pour flatter leur amour-propre de petite ville et de parents. Je fus fêtée par tous et particulièrement par MM. Goudol et Duchaland. Madame L... est une grande femme qui se pose en *saule pleureur* dans le coin de la cheminée, regrette Limoges, s'ennuie à mourir dans sa nouvelle famille, a de beaux yeux, de *superbes manières*, une vilaine bouche, beaucoup de nullité dans l'esprit, une jolie taille, beaucoup de vanité; j'affichai autant de bonhomie qu'elle mettait de raideur; elle se fit victime, moi heureuse; enfin je voulus écraser ses airs de princesse, et l'on dit que j'ai bien réussi...

« Bonsoir, je baisse ma tête pour que tu me donnes un tendre baiser sur mes yeux; en voici deux pour les tiens »

Et le dialogue amoureux continua sur ce ton par la poste. On voit que, si *l'on ne se tutoyait point dans la famille Cappelle*, Marie Cappelle s'arrange très-bien aujourd'hui de tutoyer et d'être tutoyée dans la famille Lafarge. Des deux côtés on en est aux expédients les plus recherchés, mais aussi les plus familiers à l'amour, pour adoucir les privations de l'absence par des fictions ingénieuses et tout le magnétisme des voluptueux souvenirs. La Parisienne dessine à la plume, sur ses lettres, de petits carrés où elle imprime ses lèvres, et Charles Lafarge y recueille, avec les siennes, les baisers de son amie. De son côté, le Limousin se blesse le doigt d'un coup de canif, et, trempant sa plume dans son sang, trace avec cette encre symbolique, des serments d'amour en *post-scriptum*.

Enfantillages des cœurs épris, amoureuses fantaisies, qui n'ont, dans l'intimité d'un entretien cœur à cœur, rien que de touchant et de grave, malgré leur puérilité apparente; mais dérision sanglante et la plus cynique des profanations, si c'était une comédie froidement jouée, et si cette télégraphie amoureuse n'était, de la part de la jeune femme qui s'y adonnait, que la pantomime du chat caressant la souris et lui faisant patte de velours pour mieux l'étrangler.

Non, le romancier le plus hardi n'oserait aborder son papier, ni le peintre sa toile, avec des touches d'une pareille crudité. Ce mensonge de longue haleine ferait tourner, de dégoût et de pitié, le cœur du lecteur le plus tolérant et le plus indulgent aux caprices d'une littérature bâtarde. Inventées, ces espiègleries horribles seraient déclarées intolérables, et Scapin qui rosse son maître à coups de canne, — après l'avoir mis dans un sac, — n'échappe aux sifflets que parce qu'il ne le tue pas.

Mais l'histoire est là, et il faut bien, en considération de leur certitude, accepter les faits et ajouter un chapitre à l'histoire de la perversité humaine. Jusqu'ici madame Lafarge a fait à peu près patte de velours: la griffe va paraître longue et tranchante. L'acquisition du brevet est à présent certaine; l'heure du crime a sonné.

Quand le projet du crime a-t-il été conçu? est-ce depuis la scène de la nuit de noces? est-ce avant ou après l'échange de deux testaments dont l'un, celui de l'épouse, est reconnu sans

(1) Extrait de diverses lettres.

valeur légale par l'époux lui-même, et dont l'autre institue l'épouse légataire universelle, en cas de décès de l'époux? Marie Lafarge a-t-elle jamais éprouvé l'ombre des sentiments passionnés qu'elle exprime aujourd'hui à son mari ? n'attendait-elle pas seulement que la certitude d'obtenir le brevet rendît possible le rétablissement d'une fortune dont elle était légataire, pour faire tout à coup (le 10 décembre) acheter de l'arsenic chez le sieur Eyssartier, sous prétexte de détruire les rats qui l'incommodaient, commander son portrait à une demoiselle Brun, peintre du voisinage pour l'envoyer à Lafarge, engager sa belle-mère à préparer des gâteaux qu'elle veut joindre au portrait, substituer aux gâteaux confectionnés par madame Lafarge mère, une galette de cinq ou six pouces de diamètre qu'elle a fait faire par sa femme de chambre, placer le gâteau, le portrait, une montre, des souliers, de la musique et des marrons dans une petite caisse, la faire porter à Uzerches, par un domestique chargé de la mettre à la diligence, et annoncer à Lafarge l'envoi de son portrait et des gâteaux!

La lettre qu'elle lui adressa n'a pas été retrouvée; mais la justice possède des lettres écrites par Lafarge en réponse aux envois de sa femme. On y trouve la preuve d'étranges recommandations faites par Marie Lafarge à son mari au sujet de ces gâteaux: notamment celle de les manger à onze heures du soir et de n'en faire part qu'à sa sœur, justement absente alors de Paris.

Enfin, circonstance non moins étrange, Marie Lafarge avait exigé que les gâteaux fussent accompagnés d'une lettre de sa belle-mère annonçant à Charles qu'ils étaient son ouvrage et lui venaient de sa part.

Laissons parler les acteurs du drame du Glandier.

« Un jour, dit madame Lafarge mère dans ses dépositions confirmées par les autres témoignages, Marie me dit : « Il faut, ma mère, que vous fassiez pour Charles de ces gâteaux que vous faites si bien et qu'il aime tant. Je lui ai écrit que je lui en enverrais.

« Je m'en défendis. « Je suis bien malade, lui dis-je, j'ai peine à me tenir sur mes jambes. » Cependant elle insista, et dit : « Il faut que ce soit vous absolument. J'ai mandé à Charles que ce serait vous qui feriez des gâteaux, et il faut que ce soit vous. »

« Nous n'avions pas l'habitude de la contrarier. Je préparai donc les gâteaux, et je les donnai à Clémentine pour les porter au four.

« Quelque temps après je voulus voir si les gâteaux allaient bien; mais lorsque j'allai au four, la domestique me dit que les gâteaux étaient déjà chez madame. Je pris aussitôt *la galopade* et je me rendis à sa chambre. Je la trouvai occupée à arranger ces gâteaux, elle mettait des marrons par dessus. Je dis alors à mademoiselle Brun qui se trouvait là : « Que fait-elle? ces marrons ne valent rien, ils sont tout troués; elle va faire payer à Charles du port pour rien, et cela n'avancera qu'à faire écraser tous les gâteaux. »

« Marie me dit : « Vous allez mettre une lettre dans la boîte pour Charles; il faut que ce soit vous qui écriviez vous-même; moi j'ai écrit par la poste, je lui ai dit qu'il fallait qu'il les mangeât en prenant du thé avec sa sœur, à onze heures du soir. » Quoique je n'écrive pas facilement, je pris une mauvaise plume et j'écrivis avec le dos. J'avais mis quelque chose de flatteur pour Marie dans la lettre, qui commençait ainsi, si je m'en souviens bien : « Marie veut absolument que je t'écrive... » Je lui disais que Marie voulait manger de semblables gâteaux à la même heure, et je marquais dans ma lettre : « Il faut que ce soit son bon génie qui lui ait inspiré de faire ce repas à la même heure que toi. » Je vis bien que la lettre que je m'étais tant gênée pour écrire ne lui convenait pas.

« M. L'AVOCAT GÉNÉRAL : Le billet fut-il mis dans la caisse?

« MADAME LAFARGE MÈRE : Je n'en sais rien. Le lendemain de l'envoi il arriva quelque chose de bien extraordinaire. Ma nièce Emma Poultier couchait dans la chambre de Marie, dans un lit tout près du sien; elles pouvaient se donner la main; vers trois ou quatre heures du matin j'entendis dans leur chambre un grand bruit, ce qui arrivait souvent, car Marie avait l'habitude de veiller jusqu'à trois ou quatre heures du matin. J'en demandai la cause à ma nièce: elle me dit que Marie pendant la nuit s'était mise sur son séant, en s'écriant : « Je vois des tombeaux dans la chambre! je vois un cimetière! Je n'y comprends rien, vraiment. Cela vient du magnétisme apparemment, car j'ai ressenti pour ma part de grands effets de magnétisme. »

Emma Poultier ajouta que, sous l'empire de préoccupations inconnues, Marie avait, la veille au soir, revêtu sa robe et son voile de noces et s'était habillée en mariée des pieds à la tête.

Voilà ce qui précéda les gâteaux. Plus tard elle dit : «*J'aurai du malheur. O mon pauvre Charles! il va lui arriver du malheur. Je vais recevoir de mauvaises nouvelles.* »

Cela ne m'affectait guère, sachant que mon fils jouissait d'une excellente santé. Puis elle parlait de veuvage, demandait combien de temps les veuves portaient le deuil dans le pays.

Je lui dis pour la contenter que le deuil était de deux ans pour les femmes et d'un an pour les hommes. Elle répondit que si un tel malheur lui arrivait, elle ne le porterait que comme à Paris, pendant une année. Puis encore elle disait qu'elle attendait des lettres et craignait d'en recevoir une *avec un cachet noir*. Je lui répondis que c'étaient là de folles idées.

Cependant Charles Lafarge reçoit, le 18 décembre, à Paris, l'envoi de sa femme.

O Marie, ma bien-aimée, que tu me surprends agréablement! Quoi! tu m'es rendue tout entière! Comme je t'aime! Je te retrouve dans ce doux portrait, que je ne cesse d'appuyer sur mes lèvres et sur mon cœur. Ressemblante au jour où la première fois je te vis si belle, tu caches encore quelque chose sous un voile de modestie; mais mes yeux y pénètrent, entrevoient tout ce qui peut se voir.

M. Lafarge logeait à Paris, hôtel de l'Univers, rue Sainte-Anne. Le sieur Parant, garçon d'hôtel, reçoit la boîte, la monte et l'ouvre lui-même dans la chambre de Lafarge.

« J'ai trouvé, dit-il, un modèle de souliers, des lettres que M. Lafarge a tirées lui-même, et dans lesquelles il y avait un portrait en miniature qu'il me fit voir.

« Il y avait ensuite quelque chose d'enveloppé. C'était un gâteau (un seul gâteau, une *galette* bien différente des *choux à la crème* préparés par madame Lafarge mère). M. Lafarge, en le voyant, se mit à rire, et me dit que c'était madame son épouse qui lui envoyait cela. Il mit lui-même le gâteau sur la cheminée, et, tout en s'occupant d'autre chose, il cassa un petit morceau de croûte, gros comme le pouce, et le mangea. M. Lafarge sortit ensuite. Il est rentré fort tard, contre son habitude; il était une heure moins un quart. Je l'avais attendu, je lui remis sa lumière.....

« Le lendemain, M. Lafarge avait vomi partout, devant la cheminée, sur les tapis, dans son vase de nuit. Je dis à M. Lafarge : « Vous vous serez donné une indigestion. » Il ne m'a pas répondu. Je lui ai fait monter un thé par la fille, et je lui ai demandé s'il voulait qu'on allât chercher un médecin. Il me dit que, s'il en prenait un, ce serait M. Marjolin; que c'était le médecin de madame Lafarge. Je lui montai une carafe de limonade cuite; il me dit que cela ne le rafraîchissait pas assez, et j'allai lui acheter une demi-bouteille d'orgeat chez Tanrade, rue de Choiseul.

« Dans l'après-midi, je montai pour arranger son feu. Alors M. Lafarge se leva et voulut se mettre à écrire. En ce moment, il lui prit un nouveau vomissement assez fort, et comme il rejetait sur le tapis, je lui dis de prendre garde. Il me dit que c'était égal, et qu'il se sentait si malade, qu'il n'y faisait pas attention. A quatre heures et demie, il me remit plusieurs lettres écrites, et j'allai les mettre à la poste à la Bourse. »

M. Lafarge à madame Lafarge.

Vendredi 20 décembre. — Vite, vite je t'écris, ma chère et bonne petite femme, afin que tu ne prennes pas peine de moi. Hier je te disais que j'étais souffrant en t'écrivant. En effet, depuis *les onze heures* du soir, d'avant-hier, j'avais eu continuellement de forts vomissements et une migraine affreuse.

Le reste du gâteau demeura à l'hôtel de l'Univers, dans l'armoire de la chambre de Lafarge. A l'époque du départ de ce dernier, Parant jeta le gâteau dans les balayures de l'hôtel.

Lafarge quitte Paris, à peine rétabli de son indisposition; et, le brevet d'invention souhaité dans sa poche, il arrive au Glandier le 3 janvier 1840. C'était la nuit. Marie Cappelle se lève pour courir au-devant de lui et lui prodiguer ses caresses. Lafarge se sent souffrant et fatigué, et se met au lit.

Il ne devait plus se relever.

A ces deux époques, celles de l'envoi de la caisse et du retour de Lafarge au Glandier, correspondent les lettres suivantes adressées à M. Eyssartier, pharmacien à Lubersac :

« A M. Eyssartier.

« Je suis dévorée par les rats, monsieur. Déjà j'ai essayé du plâtre, de la noix vomique pour m'en débarrasser; rien n'y fait. Voulez-vous ou pouvez-vous me confier quelque peu d'arsenic? Vous pouvez compter sur ma prudence; c'est pour mettre dans un cabinet où il n'y a que du linge.

« Je voudrais bien avoir quelque peu de tilleul et de fleur d'orange.

« Veuillez recevoir, etc.

» MARIE LAFARGE DE GLANDIER. »

« Je voudrais un quart d'amandes douces. »

Seconde lettre ·

« Mon domestique ayant sottement manipulé une mort-aux-rats, il m'en a fait une pâte si compacte, si pourrie, que M. Bardou m'a fait une petite ordonnance que je vous envoie, monsieur, afin de mettre votre conscience à l'abri, et ne pas vous laisser croire que je veuille, pour le moins, empoisonner tout le Limousin.

« Je voudrais bien avoir quelques onces de gomme arabique en poudre, et, aussi, monsieur, que vous eussiez la bonté de m'envoyer le montant de ma petite dette, qui doit être un peu grossie.

« Veuillez recevoir, etc.

« Voudriez-vous aussi m'envoyer de la tisanne de fleurs de mauve, quelques racines de guimauve et du bouillon blanc. — Mon mari est un peu souffrant d'un commencement d'angine; mais M. Bardou m'assure que la fatigue de la route y est pour beaucoup et que le mieux ne peut tarder à venir avec le repos.

« MARIE LAFARGE. »

Madame Lafarge a avoué depuis lors s'être procuré une troisième dose d'arsenic, par l'intermédiaire de Denis Barbier, sous le prétexte que les rats empêchaient M. Lafarge de dormir.

Ainsi la victime n'a pas succombé à un premier assaut. Quoique souffrant, Lafarge trouva sans doute dans sa robuste constitution des ressources suffisantes pour triompher des ravages intérieurs causés par le poison.

De retour de Paris, il s'étend avec bonheur dans ce lit conjugal où il a failli ne plus rentrer jamais. Il veut achever de s'y guérir, et oublier tout le passé, comme on oublie un mauvais rêve quand le soleil a paru. Marie vient souper à son chevet. Charles goûte les mets qu'elle lui offre. Aussitôt les vomissements et les douleurs d'entrailles se renouvellent et le médecin Bardou est appelé.

« La face du malade, raconte le docteur, était colorée, il vomissait souvent; le pouls était calme. M. Lafarge avait éprouvé, quelques jours avant son départ de Paris, une indisposition semblable.

« Madame Lafarge parla de truffes que son mari avait mangées, et je diagnostiquai une indigestion.

« Je demandai à la ville du bi-carbonate de soude, comme anti-vomitif, et, madame Lafarge m'ayant prié de demander de l'arsenic pour détruire les rats, je joignis cette demande à mon ordonnance.

« Quelques jours après je reçus une lettre de madame Lafarge mère, qui m'annonçait que son fils allait de pis en pis. Je me rendis au Glandier, et, d'après ce qui m'avait été écrit par madame Lafarge, je pensai que son fils était atteint d'un volvulus, car cette maladie a pour résultat d'arrêter le cours des déjections alvines et de les faire revenir par la bouche. L'état du malade empirant, je voulus qu'on m'adjoignît deux consultants. Je me fis remettre les vomissements du malade, et plutôt à l'odeur qu'à l'inspection je persistai dans mon diagnostic de volvulus. J'ordonnai en conséquence des prescriptions pour combattre cette maladie. Le soir il y eut un peu d'amélioration dans l'état du malade. Les consultants n'avaient pas été mandés; je ne pressai pas leur arrivée et je me retirai.

« Cependant on me manda dans la nuit, par un exprès, que les vomissements persistaient; madame veuve Lafarge m'écrivait que son fils sentait dans la gorge comme des pellicules qui étaient sans doute la cause de ses vomissements. Dans cette prévision, je pris avec moi un peu d'alun, et, en arrivant auprès de M. Lafarge, je lui en insufflai dans l'arrière-bouche une petite quantité, que j'avais préalablement mêlée avec du sucre; cette préparation produisit dans le gosier de Lafarge une sensation qui n'est pas ordinaire. Il éprouva un sentiment de brûlure dont il se plaignit beaucoup. Je ne sais pas s'il n'exagéra pas un peu la douleur qu'il disait éprouver; je cessai ce remède.

« Le 8 janvier je ne remarquai rien de particulier. Denis, le commis, alla chercher un autre médecin, ainsi que je l'avais demandé. M. Massenat vint le 10; il pensa que les vomissements étaient le résultat de mouvements spasmodiques dans l'estomac, et qu'il fallait occuper ce viscère. Comme on n'avait pas de bouillon, on prépara donc un lait de poule pour provoquer le travail de la digestion. M. Lafarge en prit plusieurs gorgées, sans manifester aucune sensation particulière. Cependant ces aliments ne furent pas supportés. Je pensai que des aliments solides seraient mieux reçus par l'estomac; je fis prendre à M. Lafarge un peu de pain, qu'il trempa dans du vin: ce pain passa très-bien, et n'amena aucun vomissement.

« En ce moment il se passa quelque chose dont il faut que je rende compte à la Cour. J'étais malade moi-même, je souffrais beaucoup et j'étais tellement fatigué que j'étais pressé de partir; ce fut à ce moment que madame Lafarge et la sœur de M. Lafarge vinrent me présenter un lait de poule sur lequel se trouvait de la poudre blanche. Je trouvai bien là quelque chose d'insolite; je vis bien dans l'un des flocons albumineux qui flottaient sur la liqueur quelque chose de pulvérulent. J'avoue que dans ce moment-là je ne prêtai pas à cet examen toute l'attention qu'il méritait; je dis: « C'est peut-être de la chaux qui se sera détachée en petite quantité des parois d'une cloison, ou bien de la matière dont on se sert pour blanchir les murailles. » Je n'en dis pas davantage, et je me retirai.

« Comme j'avais trouvé de l'amélioration dans la position de Lafarge, et que j'espérais qu'elle continuerait, je n'y retournai plus. Quatre jours après, je me le rappelle encore (le témoin paraît ému), il faisait un temps épouvantable, quoique malade encore je voulus sortir. Au moment où je mettais le pied dans l'étrier, j'appris que le pauvre Lafarge n'était plus! (Le témoin s'arrête et paraît en proie à une vive émotion; il fond en larmes et est quelque temps sans pouvoir continuer.) Cette nouvelle, reprend-il, me bourrela, me rendit mécontent de moi-même; j'étais chagrin d'avoir abandonné le pauvre Lafarge! (Nouvelle pause du témoin; sa voix est entrecoupée de sanglots). Il n'y avait qu'une réflexion qui pût me consoler, c'est qu'alors même que j'aurais été au Glandier, il n'en aurait été ni plus, ni moins. »

Mais tandis que, pour un motif ou pour un autre, le docteur Bardou s'abstenait de retourner au Glandier, M. Jules Lespinasse, autre médecin, domicilié à Lubersac, avait été appelé auprès du malade. Sa déposition devant la Cour jette une clarté funèbre et terrible sur les scènes dont le Glandier fut alors le théâtre :

« Le 13 janvier dernier, au milieu d'une nuit sombre et froide, mon domestique vint m'éveiller et introduisit près de moi un monsieur couvert d'un ample manteau, et dont toute la figure était couverte d'un foulard. Lorsqu'il eut été introduit, il regarda autour de lui dans la chambre, se pencha à mon oreille et me dit : « M. Lafarge est dangereusement malade... On craint qu'il ne soit empoisonné. » J'ouvrais à peine les yeux, je me levai sur mon séant : « Serait-il possible? m'écriai-je; il faut pénétrer cette affaire et savoir par quels moyens. Allez chez un pharmacien chercher telle chose; quand vous serez revenu, je serai levé et prêt à partir. » A une heure du matin, je partis, et j'arrivai à trois heures. Durant la route, je pris des informations auprès de Denis, c'était le commis de la forge qui était venu me chercher. Je crus voir par ses discours qu'il y avait quelque chose de bien grave dans cette affaire. Il me dit que plusieurs fois on lui avait donné la commission d'acheter de l'arsenic, et qu'il avait refusé de satisfaire à cette demande; mais que, pressé par des sollicitations, il avait enfin accédé à ce désir, mais en avertissant la mère de M. Lafarge.

« Arrivé au Glandier, je suivis Denis, et j'arrivai sans lumière jusqu'au lit du malade. Je trouvai M. Lafarge pâle et amaigri; ses yeux étaient caves. Il éprouvait une constriction douloureuse à la gorge, était tourmenté par des hoquets fréquents; ses membres avaient de la raideur, ses extrémités étaient froides, son pouls presque insensible ; les mouvements du cœur étaient désordonnés ; il avait des fourmillements dans les membres, des crampes, une agitation continuelle et de fréquentes faiblesses. La constipation était complète, et depuis plusieurs jours il n'avait pas uriné.

« Je fis prendre de suite au malade du protoxide de fer que Denis avait été chercher à Lubersac chez le pharmacien. Cela était à peine fait que je vis sortir d'une chambre à côté Marie Cappelle. Elle vint à moi toute gracieuse, me remercia en termes choisis de m'être autant pressé, par un temps aussi mauvais, de venir donner mes soins à son mari, et ajouta qu'il en avait grand besoin.

« J'avais très-froid. Je ne m'étais pas encore chauffé. Je m'approchai du feu avec Marie Lafarge et madame Buffière (1). Je ne saurais dire si madame Lafarge mère était là. Marie me parla d'abord de son mari. Je ne pouvais m'exprimer en liberté à raison des soupçons qu'on avait fait naître dans mon esprit sur son compte.

Le Glandier.

« Pressé cependant de questions, je finis par dire qu'il avait une inflammation intestinale. La conversation roula ensuite sur le Glandier, les sites qu'il renfermait ; madame Lafarge me dit qu'elle montait à cheval. Je lui dis qu'il fallait prendre garde, que les chemins étaient mauvais et présentaient des dangers. Elle me répondit qu'elle se tenait bien.— C'est que, dis-je alors, vous pourriez tomber. — Ah ! reprit-elle tristement, je vous jure bien que je ne redoute pas la mort. Madame Buffière et mademoiselle Brun, qui était intervenue, pressaient madame Lafarge d'aller prendre du repos ; elle résistait ; mais enfin elle céda à leurs instances, et se retira.

« A peine fut-elle sortie que madame Buffière me demanda ce que je pensais : comme j'avais cru remarquer que tout le monde ne se cachait que de madame Lafarge, je dis franchement ce que j'en pensais, et j'ajoutai que la nature même du remède que j'avais administré était la preuve de mon assertion. Je n'eus pas plus tôt lâché cette phrase que madame Buffière me dit alors que Mlle Brun lui avait dit avoir vu madame Lafarge prendre une pincée de poudre blanche dans un petit pot, la jeter dans un bol et la remuer avec le petit doigt. Pendant que madame Buffière parlait, mademoiselle Brun, placée près de la cheminée, faisait des signes d'assentiment. Mademoiselle Brun me conduisit ensuite près de la commode, où je remarquai encore des traces de poudre blanche à l'endroit indiqué ; je les ramassai avec les barbes d'une plume ; je plaçai cette poudre sur des charbons ardents ; une fumée s'éleva des charbons, et je crus sentir une odeur d'ail. Mademoiselle Brun me dit ensuite qu'elle avait pris une pincée de la poudre qui était dans le petit pot, et qu'elle l'avait mise dans un papier. Ce papier fut remis plus tard à la justice.

« Après avoir fait brûler la poudre blanche je ne conservai plus aucun doute sur l'empoisonnement, et quelques minutes après je quittai le Glandier.

« D. Mais, avant de quitter le Glandier, n'avez-vous pas eu une conférence avec M. Lafarge ?

« LE TÉMOIN : Cela est vrai. Madame Buffière me dit : Nous avons parlé de cela à mon frère ; il ne veut pas croire ce que nous lui avons dit. Vous devriez bien aller causer avec lui. Je ne voulais pas trop d'abord, mais je m'approchai de son lit, et je lui dis : « Monsieur Lafarge, vous prenez quelque chose qui vous fait du mal.

« — Comment, me dit-il, vous croyez ?

« J'ajoutai : Je ne nomme personne, je suis ici comme médecin, et je n'ai que cela à vous dire : Vous prenez quelque chose qui vous fait mal ; je ne sais pas qui vous le donne. Je vous engage à ne prendre de potions que de la main de votre mère ou de votre sœur.

« — Ah ! que me dites-vous, reprit-il, c'est bien malheureux ! Tâchez donc de découvrir de qui cela vient ; faites tous vos efforts ; je poursuivrai.

« D. Vous dit-il qu'il avait, avant cela, été malade à Paris ?

« R. Il me dit qu'il avait eu des vomissements qui lui avaient duré vingt-quatre heures après avoir mangé un gâteau.

« Je retournai à Lubersac, où bientôt un exprès vint m'avertir que le malade s'affaiblissait de plus en plus. Je me munis de peroxide de fer hydraté ; mais c'était inutile, je trouvai le malade sans remède. Il avait déjà éprouvé plusieurs syncopes ; il avait perdu la parole, ses yeux étaient comme environnés d'un brouillard. Lorsque la syncope était passée sa vue s'éclaircissait, et il me reconnut. Le mouvement du cœur était devenu de plus en plus désordonné : tantôt il battait bien fort, tantôt on ne le sentait plus. Pendant les syncopes le pouls était devenu entièrement insensible.

« Madame Marie Lafarge me demanda si elle devait envoyer chercher M. le curé ; je lui dis : Envoyez-le chercher au plus vite, autrement il n'aura pas le temps de l'administrer. Elle expédia aussitôt un domestique à M. le curé. Dans la soirée Marie se montra toute soucieuse.—C'est étonnant, me dit-elle, je ne trouve pas Charles comme je l'ai toujours vu avec moi : il ne cherche plus mes yeux, il ne prend plus ma main ; en vérité, c'est étonnant.

« Lafarge eut une syncope, et je m'approchai de lui ; Marie était appuyée près du lit, et je crus voir une larme rouler dans ses yeux. Madame Lafarge mère était à genoux, et pleurait en priant. La syncope de Lafarge étant passée, il entendit sa mère prier, et lui dit : Maman, vous me faites mal ; allez-vous-en donc.

« On lui avait mis des sangsues, et le sang ne pouvait s'arrêter ; cela l'affaiblissait. Je demandai de l'amadou, qui fut inutile. Je fus obligé de faire chauffer un fer et de cautériser les piqûres. Une seule continua de saigner, et, comme je la comprimais de la main, je m'étais assis sur le lit en m'appuyant sur le dossier, de sorte que mon corps formait une arcade. Lafarge fermait les yeux. Il appela et dit : « Aména (c'est le nom de sa sœur), à boire ! » Marie, entendant ces paroles, courut à la cheminée et apporta un bol. Je la suivais de l'œil. Lafarge avala une cuillerée de ce que sa femme lui présentait. Le froid du liquide lui fit ouvrir les yeux, et, voyant Marie devant lui, il fit un signe qui me parut repoussant. Cependant il avala le liquide. Je ne le perdais pas de vue. Le liquide avalé, Lafarge se retourna, et me poussant de la main, un sourire sardonique vint un instant traverser ses traits. J'échangeai avec lui un regard pour lui faire entendre que je l'avais compris. Une scène muette s'établit ainsi entre

(1) Belle-sœur de madame Lafarge.

nous, et, par un signe qu'il comprit, j'eus l'air de lui dire : Soyez tranquille, je veille sur vous.

« M. le curé de Bessac étant arrivé, je me retirai. Tous mes soins étaient inutiles, et le malade s'affaiblissait visiblement par degrés. J'allai me coucher. A mon lever, je trouvai MM. Boucher et Fleygniac. Le malade était au dernier degré d'affaiblissement. Nous nous mîmes à causer à voix basse. Pendant que nous parlions ainsi, nous entendîmes dans la chambre voisine le bruit d'une personne qui vomissait.

« Mademoiselle Poultier sortit en ce moment de la chambre, et je lui demandai quelle était cette personne; elle nous répondit que c'était Marie qui était alors très-souffrante. « Je viens, ajouta-t-elle, faire une commission pour Marie. » Je ne sais les paroles qu'elle adressa à Lafarge; mais celui-ci se tourna du côté de la muraille et ne répondit pas. J'entendis mademoiselle Poultier qui lui disait : « Charles, Charles, cela fera du bien à Marie. » Lafarge ne répondit pas. M. Fleygniac me dit alors : « Si les soupçons qui s'élèvent contre Marie sont vrais, ce serait là un bien grand malheur pour la malheureuse famille du Glandier. Il serait à désirer (ajouta l'un de nous, ou ajoutâmes-nous tous les deux à la fois, je ne me le rappelle pas bien), il serait bien à désirer, si elle a pris du poison, qu'elle en eût pris une dose assez forte pour que ce poison lui donnât la mort, et que tout fût terminé ! »

« Les idées du malade s'obscurcissaient. Il ne voyait plus, ne sentait plus rien ; je quittai le Glandier vers les huit heures...

« D. Comment se fait-il, qu'ainsi averti, vous n'ayez pas fait part de vos soupçons?

« R. On ne porte pas facilement une accusation semblable contre une personne..... Je suis resté longtemps.....

« M. LE PRÉSIDENT. — A douter?

« LE TÉMOIN. — Non, monsieur, JE NE DOUTAIS PAS ; mais je suis longtemps resté en suspens sur la question de savoir si je parlerais. »

Ainsi point de doute dans l'esprit du docteur, pas plus que dans celui des membres de cette famille consternée. Il est entré dans la maison des masses énormes d'arsenic, et le maître de la maison succombe à une maladie violente qui a tous les symptômes de l'empoisonnement. Une main criminelle mêle incessamment la terrible poudre blanche à tous les aliments comme à tous les breuvages qui s'approchent des lèvres du malade. Le docteur Bardou, la demoiselle Brun, madame Buffière remarquent la présence de cette poudre sur les meubles et entre les mains de Marie Lafarge, sans s'être donné le mot. Marie, questionnée, répond à l'une que c'est de la gomme, à l'autre — de la fleur d'orange. Arrive mademoiselle Emma Poultier, amie de la maison. On est au 11 janvier. M. Lafarge est très-malade.

« Je m'informai, raconte mademoiselle Poultier dans sa déposition, du genre de maladie de M. Lafarge, auprès de Marie Capelle.

« Elle me répondit que c'était une angine, et *qu'il ne voulait rien prendre de ce qu'ordonnait le médecin*! Elle était triste et pâle. Je cherchai à la rassurer en lui disant que M. Lafarge aimait à se faire plaindre. Marie Cappelle resta auprès de son mari de minuit à deux heures. Deux fois je l'ai vue mettre dans une cuiller de l'eau et de la poudre blanche. La première fois M. Lafarge lui dit : « Qu'est-ce? — De la gomme, » répondit-elle. M. Lafarge but. Il est certain que Marie Cappelle prenait souvent elle-même de la poudre de gomme avec ou sans eau.

« Le lendemain je partis, et ne revins que le mardi. M. Lafarge était encore plus mal, et Marie Cappelle très-triste, silencieuse et pensive. A mon arrivée elle me conduisit dans sa chambre, et se jeta dans mes bras avec désespoir. « Je suis bien malheureuse, disait-elle, voyez dans quel triste état se trouve mon mari!... Personne ne me dit un mot de consolation; on m'éloigne d'auprès de mon mari; on craint sans doute que je ne lui parle d'affaires d'intérêt. C'est me connaître bien mal. » Elle resta longtemps suspendue à mon cou, pleurant et sanglotant. Je cherchai vainement à la calmer. Elle eut le soir et le matin de fréquents vomissements (1).

(1) Il résulte d'une autre déposition, que, pressée par un des témoins de l'agonie de M. Lafarge de s'expliquer sur l'emploi de la poudre blanche, Marie en avala quelque peu avec de l'eau et que les vomissements la prirent comme son mari N'était-ce qu'une bravade?

Elle resta dans sa chambre, et envoya plusieurs fois demander des nouvelles de son mari. Une fois elle ne put résister au désir d'aller s'en assurer; elle alla près du lit de M. Lafarge. « Qui est là? » dit-il. Marie Cappelle répondit à voix basse : « Marie... Marie. » M. Lafarge ne répondit pas. Elle revint dans sa chambre, désolée, se jeta de nouveau dans mes bras, me fit part de ses chagrins et de son désir, si son mari guérissait, de retourner à Paris auprès de sa famille. « Oui, je m'éloignerai; je leur ferai comprendre que j'ai senti ce que l'on m'a fait. »

« Le mardi matin, 14, M. Lafarge mourut. Le chagrin de Marie Cappelle me parut très-vif : « Que je suis malheureuse! me disait-elle; j'ai été ainsi toute ma vie. Mes malheurs ont été si grands qu'on ne pourrait s'en faire d'idée; mais cette fois encore je courberai la tête. » Toute la journée elle ne fit que pleurer et appeler son mari. «Charles!... Charles!» ce cri sortait continuellement de sa bouche.

« Lorsque plus tard il fut question d'empoisonnement, Marie Cappelle s'adressa avec vivacité à sa femme de chambre : « Clémentine, qu'avez-vous fait de l'arsenic que je vous avais confié? » Celle-ci expliqua comment, effrayée de cette commission, elle avait déposé cet arsenic dans un chapeau et dans la chambre de M. Lafarge. Lorsque Clémentine parlait de cette affaire elle ne se servait jamais du même langage; tantôt elle ajoutait, tantôt elle diminuait...

M. Lafarge reçoit la caisse contenant les gâteaux empoisonnés.

« Je dois ajouter que la veille de la mort de M. Charles, madame Lafarge se déshabillant, j'aperçus dans la poche de son tablier une boîte que je ne lui avais jamais vue. Je demandai à Clémentine ce qu'elle renfermait. « C'est de la gomme, » me répondit-elle. Les propos de la veille, les préoccupations de madame Lafarge mère, les soupçons de mademoiselle Brun, la lettre écrite par Marie Cappelle le jour de son arrivée au Glandier, tout cela me revint à l'esprit, et quoique ma raison se refusât à croire Marie Cappelle coupable, je pris un peu de cette poudre blanche contenue dans la boîte et je la remis à M. Fleygniac, mon oncle, pour l'examiner; il me promit de le faire.

« Le lendemain de la mort j'allai dans l'appartement de madame Lafarge mère. Je portai à madame Lafarge et à madame Buffière des cheveux de M. Lafarge; je leur dis que j'en avais aussi pour Marie Cappelle, qui de son côté m'avait donné une tresse de ses cheveux pour les mettre dans la main de son pauvre Charles. Ces dames me défendirent de le faire. Je m'en étonnai. « *Garde-t'en bien, me dirent-elles; c'est elle qui l'a empoisonné.* » Je ne pus le croire. Toutefois la boîte que j'avais vue la veille me revint à l'idée. Je ne pus me défendre d'un vague soupçon; je demandrai cette boîte à la femme de chambre; elle ne me l'apporta qu'un assez long moment après; j'ai remis cette boîte et ce qu'elle contenait à M. le juge d'instruction. »

Lafarge mort, — les soupçons cessent de chuchoter: ils parlent haut. La rumeur publique s'en empare. La justice est avertie. Le procureur du roi se met en route. Il est rencontré par le docteur Bardou, qui vient d'apprendre la mort de Lafarge.

— Il est impossible que Lafarge ait été empoisonné, lui dit-il. On vous aura sans doute trompé.

Le procureur du roi répondit que c'était le ministère public qui poursuivait, et demanda au docteur Bardou s'il ne jugeait pas à propos de se rendre au Glandier pour assister à l'autopsie. Le docteur s'en excusa d'abord; il s'éloigna. Puis, intérieurement agité par la rencontre sinistre qu'il a faite de la justice sur le chemin d'une maison connue, il revient sur ses pas, se rend au Glandier, et apprend de ses collègues et de plusieurs personnes des détails qui ébranlent sa première conviction.

Bientôt Marie Cappelle, veuve Lafarge, est arrêtée et conduite à Brives, où elle est écrouée dans la prison, depuis sept mois, quand s'ouvrent au tribunal correctionnel de cette ville les débats d'un premier procès où madame Lafarge n'est pas accusée d'empoisonnement, mais bien d'un vol de diamants remontant à une époque antérieure à son mariage.

Les circonstances du vol imputé à Marie Cappelle n'étaient pas moins extraordinaires que celle de l'empoisonnement.

La femme *incomprise* n'était donc plus qu'une misérable créature de la plus prosaïque espèce? A côté du lâche assassinat et pour y faire pendant, — le vol ignoble. Mal mariée, l'infâme avait-elle empoisonné son mari? N'ayant pas de diamants, en avait-elle volé?

II.

Les Amies de jeunesse. — Un Roman de pensionnaire. — M. Clavé — M. Bac. — Madame Garat. — M. Allard, chef de la police de sûreté — Les Diamants de madame de Léautaud et les Louis d'or en chocolat. — Révélations inattendues. — Le Tribunal correctionnel de Brives. — Première condamnation.

En 1838, M. Allard, chef de la police de sûreté de Paris, fut averti que plusieurs vols avaient été commis dans l'appartement de madame Garat, à la Banque de France, et que récemment on lui avait pris un billet de 500 francs. Sur l'invitation de cette dame, M. Allard se rendit chez elle, examina attentivement sa demeure, fit une attention particulière aux meubles et notamment à celui où le billet pris avait été renfermé. Il reconnut que pour le dérober il n'avait pas été fait usage de fausses clés ou d'effraction, que nulle trace enfin ne révélait le passage du voleur de profession. Il en conclut que le vol avait été commis par une personne de la maison, et il engagea madame Garat à diriger sa surveillance sur les domestiques. Il fit surveiller lui-même durant plusieurs jours la maison et ses abords, et n'apprit rien, relativement à la conduite, aux dépenses, aux relations des domestiques, qui pût justifier ses soupçons. Il fit part de ce résultat à madame Garat, qui n'avait rien découvert non plus, et il lui demanda si c'était la première fois qu'une soustraction était commise à son préjudice? — Non, répondit-elle, on m'a pris une fois 40 francs, une autre fois 80 francs, puis d'autres sommes peu importantes, jusqu'à des sommes de 5 francs. Ces vols de médiocre valeur n'avaient pas d'abord excité mon attention.

L'affaire en resta là.

L'année suivante, en juin 1839, M. Allard fut informé par M. Delessert, préfet de police, qu'un vol considérable de diamants avait été commis au préjudice de madame de Léautaud, née de Nicolaï, en son château de Busagny près de Pontoise. M. de Nicolaï et M. de Léautaud vinrent eux-mêmes trouver M. Allard et lui fournirent des détails plus circonstanciés sur ce vol important, détails qui portèrent le chef de la police de sûreté à croire que c'était un vol domestique, commis soit par quelque valet, soit par quelque personne fréquentant le château.

D'une façon comme de l'autre, un pareil soupçon planant sur des serviteurs honnêtes et d'une probité éprouvée ou sur des personnes en relations d'amitié avec les châtelains de Busagny, était un sentiment des plus pénibles. Bien plus affectée de ce sentiment que de la perte des diamants, la famille Léautaud crut devoir faire établir une surveillance de police autour d'elle, et M. de Léautaud s'informa cinq ou six fois auprès de M. Allard du résultat des investigations.

M. Allard n'avait rien découvert.

— Souvent, dit alors M. Allard à M. de Léautaud, on a dans son intimité des personnes à qui l'on donne le titre d'amis et qu'on n'ose pas soupçonner. Les vrais coupables sont là quelquefois!...

— Il y a bien, dit M. de Léautaud, une personne sur laquelle des propos ont été tenus; mais je n'ose pas me prononcer affirmativement.

— Faites-moi connaître vos soupçons, répartit M. Allard, et l'indication, quelle qu'elle soit, sera mise discrètement à profit.

M. de Léautaud avoua alors qu'il soupçonnait une demoiselle en séjour dans le voisinage de Busagny, et faisant avec la famille de Nicolaï de fréquentes promenades dont Busagny était le point de départ, à l'époque où les diamants avaient disparu. Il ajoute que ses craintes étaient fondées sur la disparition antérieure d'autres objets que les diamants. Cette demoiselle avait nom Marie Cappelle.

Quelque temps après M. de Léautaud revint.

—J'apprends, dit-il à M. Allard, que mademoiselle Cappelle va se marier à cent trente lieues d'ici. Il sera difficile de la surveiller et nous n'arriverons à aucun résultat.

— Il est vrai répondit le chef de police, que la surveillance, déjà difficile à Pontoise, le sera d'avantage à une plus grande distance. Mais faites une plainte et nous procéderons à une perquisition.

— Cette personne n'est déjà plus à Busagny, dit M. de Léautaud.

— Et où donc est-elle?

— A Paris.

— Comment à Paris?

— Oui, chez une de ses tantes.

— A quelle adresse?

— A la Banque de France, chez madame Garat.

— Ah, mon Dieu! s'écria M. Allard, il y a eu l'an dernier un billet de 500 francs volé chez madame Garat!

M. Allard redemande alors une plainte écrite à M. de Léautaud. M. de Léautaud, dominé par un sentiment de défiance sur la justesse de ses propres soupçons et par une délicatesse des plus honorables, renonce à compromettre, sur des présomptions, un nom pur et se retire. Il semble que ce soit une affaire finie.

Mais la Providence, sur la complicité de qui les méchants s'imaginent follement pouvoir compter, se réservait de lever bientôt le voile dont l'affaire des diamants était demeurée couverte. Dieu, pour qui la conscience humaine n'a pas plus de mystères que la nature, est le véritable juge d'instruction.

Le 30 janvier 1840, M. de Léautaud rentre dans le cabinet de M. Allard.

— Les journaux annoncent l'arrestation d'une dame Lafarge, sous la prévention d'empoisonnement sur la personne de son mari, maître de forges au Glandier, près de Limoges.

—Eh bien?

—Eh bien! cette dame Lafarge, ou plutôt aujourd'hui cette veuve Lafarge, n'est autre que Marie Cappelle.

— En sorte que les diamants de madame de Léautaud pourraient à merveille se retrouver au Glandier!

M. Allard informe sur le champ M. le préfet de police de cette conversation. Une perquisition a lieu au Glandier et des diamants démontés sont trouvés dans un secrétaire, dans une petite boîte au dessus de laquelle était le nom de Lecointe, joaillier de madame de Léautaud.

Le premier interrogatoire que subit madame Lafarge le 12 février, au sujet des diamants trouvés chez elle, fut sensiblement embarrassé. A la question qui lui fut posée comment ces bijoux étaient venus en sa possession, elle répondit :

« Ils m'ont été remis à Uzerches par une personne que je ne connais pas, et j'ignore s'ils sont arrivés par le courrier ou par la diligence; je ne me souviens pas si j'ai signé quelque reçu. Je ferai des démarches pour découvrir la personne de qui j'ai reçu ce cadeau. »

Dans l'interrogatoire suivant, madame Lafarge change de système. Les diamants lui ont été confiés par madame de Léautaud. C'est ici que se place naturellement l'histoire de ses relations avec cette dame et sa famille. Nous en emprunterons les détails à diverses dépositions.

Déposition de madame de Montbreton, sœur de madame de Léautaud.

« J'ai commencé à connaître la famille Cappelle en 1823, à l'époque de mon mariage. Mon beau-père avait une propriété près de Villers-Cotterets, à côté de celle de M. Collard, grand-père de madame Lafarge. Mademoiselle Cappelle était fort jeune en 1823. Après la mort de sa mère et de son grand-père, sa position me sembla tellement intéressante, que je m'attachai vivement à elle; elle m'avait inspiré un intérêt véritable, et ce n'est que depuis fort peu de temps que j'ai commencé à avoir quelques doutes sur son caractère. C'est par moi que ma sœur, madame la vicomtesse de Léautaud, a connu mademoiselle Cappelle. Dans le courant du mois de juin dernier, mademoiselle Cappelle se rendit chez ma mère, à Busagny, où se trouvait alors madame de Léautaud, ma sœur. Lorsqu'elle était à Busagny, la parure de madame de Léautaud lui fut volée, sans qu'on pût savoir qui avait pu commettre cette soustraction. Ma mère m'écrivit aussitôt pour me parler de ce vol, et paraissait très inquiète d'être obligée de vivre au milieu de domestiques parmi lesquels elle supposait que devait se trouver le voleur.

« Mademoiselle Cappelle quitta Busagny le 18 ou le 19; elle ne resta que quelques jours à Paris, et vint me trouver à ma campagne, auprès de Villers-Cotterets. Elle arriva le samedi 22 juin, la veille de la fête du pays. La première chose que je lui demandai, en la voyant, fut de me donner des détails sur le vol commis à Busagny: elle me dit qu'elle avait été bouleversée comme tout le monde, et paraissait beaucoup s'étonner de la négligence avec laquelle M. et madame de Léautaud poursuivaient cette affaire. Ce vol faisait souvent le sujet de nos entretiens, et j'étais bien loin d'avoir le plus léger soupçon sur elle.

« Mademoiselle Cappelle se plaignait souvent de maux d'estomac, et, comme elle savait que j'avais beaucoup de confiance dans le magnétisme, et que d'ailleurs elle paraissait y croire de son côté, elle me proposa de la magnétiser, espérant par là trouver quelque soulagement. J'y consentis : mademoiselle Cappelle parut s'endormir. J'avoue que d'abord je crus qu'elle voulait plaisanter; cependant je continuai, je lui adressai quelques questions sur sa maladie, auxquelles elle fit quelques réponses insignifiantes, et je lui parlai ensuite du vol commis au préjudice de ma sœur, pour qu'elle en fît connaître l'auteur. A cette première scène, mademoiselle Cappelle déclara qu'elle ne pouvait pas répondre. Comme je n'étais pas bien sûre qu'elle fût sérieusement endormie, je n'insistai pas. Après avoir cependant employé les moyens usités pour réveiller les somnambules, je descendis pour dîner en la laissant dans sa chambre. Mademoiselle Cappelle restait souvent chez elle à l'heure du dîner. Je ne fus donc pas étonnée de ne point la voir descendre.

« En sortant de table, je montai chez elle, et je la trouvai étendue sur un canapé, dans l'attitude d'une femme qui dort profondément. Au bruit que je fis en entrant, elle eut l'air de se réveiller, et me dit d'un air de contentement qu'elle se sentait bien soulagée; qu'elle s'apercevait que le magnétisme lui faisait du bien; que puisque cela la faisait dormir, elle qui ne dormait jamais, elle me priait de la magnétiser les soirs, au moment où elle irait se coucher, afin de lui procurer de bonnes nuits. Je me prêtai d'autant plus volontiers à ce qu'elle désirait de moi, que j'avais et que j'ai encore une grande foi dans le magnétisme. Pendant tout le temps qu'elle est restée chez moi, je la magnétisais tous les soirs, et comme j'avais toujours en tête le vol de la parure de ma sœur, quand je la croyais endormie, je lui parlais de ce vol. Voici les questions que je lui adressai, et voici les réponses qu'elle me fit :

« D. Pourriez-vous dire quelque chose sur le vol des diamants de ma sœur?

« R. Ils ont été volés.

« D. Où ont-ils été volés?

« R. Dans un tiroir.

« D. Par qui?

« R. Par un homme.

« D. Est-ce par un domestique de la maison?

« R. Pas tout-à-fait.

« D. Pourriez-vous dire comment il était?

« R. Non, je ne le vois pas.

« D. Où a-t-il mis les diamants après les avoir volés?

« R. Il les a démontés, et a jeté la monture dans les lieux « d'aisances.

« D. Et les diamants?

« R. Il les a vendus à un juif.

« D. Où sont-ils maintenant?

« R. Ils sont en pays étranger; toutes recherches pour les « retrouver seront inutiles. »

« J'écrivis cela à ma mère en lui disant de faire faire des recherches dans les fosses d'aisances, et quand j'appris qu'on n'en faisait pas, je fus fort mécontente. Il paraît que dès cette époque, et peut-être même avant cette scène de somnambulisme, toute ma famille avait des soupçons sur mademoiselle Cappelle; mais on se gardait bien de me les faire connaître. On savait que je les aurais repoussés vivement, parce qu'on connaissait mon attachement pour mademoiselle Cappelle.

« Mademoiselle Cappelle me quitta après être restée un mois à la campagne avec moi. Elle se maria quelque temps après, m'écrivit aussi du Glandier, et elle paraissait heureuse de son nouvel état. Je prenais une part très-vive à tout ce qui l'intéressait. Je m'étais bien aperçue que ma sœur et ma mère ne s'exprimaient pas sur son compte d'une manière aussi bienveillante qu'autrefois; mais je n'attachais pas à cette circonstance une grande importance, parce que je m'étais aussi aperçue que mademoiselle Cappelle ne paraissait pas éprouver beaucoup de sympathie pour ma sœur ni pour mon beau-frère.

« Dans le mois de décembre dernier j'appris vaguement que les domestiques de ma mère et de ma sœur avaient dit que le vol commis à Busagny n'avait pas été commis par une personne de la domesticité. Peu de jours après, en causant avec madame Garat, elle me raconta quelques particularités relatives à mademoiselle Cappelle, sa nièce, qui me parurent fort étranges. A l'époque de son mariage elle prétendait avoir reçu un bracelet du marquis de Mornay, une bague avec une perle de ma sœur, un livre de messe de ma mère, des épingles de M. de Braque, et on avait su que tout cela était faux. Ainsi le bracelet avait été acheté par elle chez Meller; la bague avait été commandée par elle, ainsi que les épingles, chez le bijoutier Fossin, auquel elle avait fourni les perles qui les ornaient. Quant au livre de messe, il était bien certain que ma mère ne lui avait pas fait ce cadeau.

« Je m'étais déjà aperçue plusieurs fois que mademoiselle Cappelle faisait de petits mensonges; mais j'avoue que je fus singulièrement étonnée de ce que m'apprenait madame Garat, et qu'alors, mais seulement alors, en réunissant toutes ces circonstances, je fus cruellement tourmentée par une idée affreuse et que pour la première fois je commençai à soupçonner que mademoiselle Cappelle pouvait avoir commis la soustraction de la parure de ma sœur. Je n'osais parler de cela à personne de peur d'en faire naître l'idée, parce que je pensais que je pouvais être seule à éprouver ces soupçons. Mais, me trouvant un jour avec ma mère et lui ayant dit au sujet du vol que souvent de mauvaises pensées venaient me traverser l'esprit, ma mère me répondit aussitôt qu'elle me comprenait. Elle m'apprit alors que depuis longtemps on soupçonnait mademoiselle Cappelle; mais qu'on n'avait pas voulu pousser les choses dans la crainte de la perdre et de compromettre sa famille; que, dans tous les cas, on n'avait jamais voulu me parler de rien, dans la crainte de me faire de la peine. Cette malheureuse affaire nous a fait bien du mal à tous. M. et madame de Léautaud voudraient pour beaucoup que ce vol n'ait jamais été connu. »

Nous avons dit que, dans son second interrogatoire, madame Lafarge avait soutenu que les diamants lui avaient été confiés par madame de Léautaud elle-même.

Voici dans quelles circonstances ce fidéi-commis aurait eu lieu, selon l'accusé. Nous en empruntons le récit, confirmé d'ailleurs par les autres témoignages, à la déposition de madame Delvaux, gouvernante de mademoiselle de Nicolaï, (madame de Léautaud) :

« Depuis onze ans je n'ai pas quitté madame de Léautaud, et je puis dire que, pendant ce temps, j'ai connu toutes ses actions et jusqu'à ses pensées; car elle n'a rien de caché pour moi. En 1836, madame de Montbreton parla avec beaucoup d'intérêt de mademoiselle Cappelle, et pria madame de Nicolaï de la recevoir et de lui être utile pendant un séjour qu'elle ferait à Paris chez madame de Valence.

« La bonté du cœur de madame de Léautaud la dispose toujours en faveur de ceux qui ne sont pas heureux. Ce fut donc un motif de plus d'aller au-devant de mademoiselle Cappelle, orpheline et sans fortune alors. Ces jeunes personnes se lièrent bientôt. Mademoiselle de Nicolaï avait un caractère doux et facile, très-susceptible de subir l'influence des personnes qui lui plaisaient; elle avait aussi une candeur bien propre à la rendre aisément dupe d'un esprit habile et insinuant. Mademoiselle Cappelle n'ayant qu'une femme de chambre pour l'accompagner, nous allions souvent la prendre pour la mener avec nous à l'église, dans nos courses et dans nos promenades.

« J'eus lieu de remarquer un jeune homme d'une tournure distinguée, qui se trouvait souvent sur notre passage. Je crus que le désir de voir mademoiselle de Nicolaï l'amenait ainsi sur nos pas, et je l'observai avec attention. Je ne vis jamais qu'il nous suivît; et n'ayant jamais surpris que des regards fort convenables et fort réservés, je finis par croire que ses affaires ou le hasard seuls l'amenaient si souvent aux lieux où nous avions coutume d'aller. Quelques jours avant notre départ pour la campagne, mademoiselle de Nicolaï reçut une lettre anonyme qu'elle me montra, ainsi qu'à M. et madame de Nicolaï. Cette lettre exprimait, en style élégant, de la reconnaissance pour un bienfait reçu, et parlait de la bonté et de la générosité bien connues de mademoiselle de Nicolaï. Mademoiselle de Nicolaï venait de faire une quête très-productive pour une pauvre dame, recommandée par M. Lameth, son oncle. On crut que cette lettre était le remerciement de cette dame, et nous partîmes pour la campagne; je remarquai que mademoiselle de Nicolaï n'avait point sa gaîté ordinaire.

« Elle retourna à Paris avec sa mère pour assister à une fête donnée à Tivoli. Au retour de ces dames, plus frappée encore de la préoccupation de mademoiselle de Nicolaï, je la pris à l'écart et lui demandai le sujet de son chagrin. Elle me conta alors ce que je vais vous dire, en regrettant de ne l'avoir pas fait plus tôt.

« Elle et mademoiselle Cappelle avaient remarqué le jeune homme que j'avais remarqué moi-même, et il avait été souvent l'objet de leur attention et de leur curiosité de jeunes filles. Mademoiselle Cappelle était parvenue à connaître son nom, sa position, ses talents. Un jour qu'elle était venue voir mademoiselle de Nicolaï, et que je les avais laissées établies dans ma chambre, mademoiselle Cappelle proposa d'écrire quelques mots pour mystifier ce jeune homme. Mademoiselle de Nicolaï eut le tort d'accéder à cette mauvaise plaisanterie, et mademoiselle Cappelle écrivit quelques lignes insignifiantes. Mon arrivée interrompit la conversation sur ce sujet, et je me rappelle parfaitement les avoir trouvées riant comme de jeunes filles de leur âge.

« Mademoiselle Cappelle partit avec une femme de chambre, et emporta la lettre. Quand elle vit mademoiselle de Nicolaï, elle lui dit qu'elle l'avait mise à la poste, et celle-ci lui répondit : « Mais vous êtes folle! » — Alors elles se mirent à réfléchir sur leur imprudence, à la déplorer, et imaginèrent, pour la réparer, une autre imprudence : ce fut d'écrire une seconde lettre, où l'on priait M. Clavé (c'était son nom) d'oublier une mauvaise plaisanterie, de ne pas chercher à connaître les auteurs d'une première lettre et de se montrer généreux et discret. Ce fut encore mademoiselle Cappelle qui écrivit; mais la lettre fut faite en commun. Ce fut alors que mademoiselle de Nicolaï reçut la lettre anonyme qui avait été attribuée à la dame reconnaissante.

« Le jour que nous partîmes pour la campagne, M. de Nicolaï, ayant passé quelques heures de plus à Paris, apporta à sa fille une lettre, arrivée pour elle le matin. Cette lettre remplit mademoiselle de Nicolaï de terreur, car elle était évidemment de Clavé. Il y exprimait la crainte d'être l'objet d'une mystification, et je me rappelle encore ces paroles : « Dites-moi, n'est-ce pas un caprice d'enfant, une fantaisie de jeune fille? » Cependant il se laissait aller à une espérance qui lui était chère, mais toute cette lettre était écrite dans les termes les plus respectueux. Mademoiselle de Nicolaï effrayée écrivit à mademoiselle Cappelle.

« Plusieurs lettres s'échangèrent, et mademoiselle de Nicolaï, ayant su de mademoiselle Cappelle elle-même qu'elle s'était mise en correspondance suivie avec M. Clavé, la supplia de mettre tout en œuvre pour faire cesser une chose qui lui donnait tant de tourment. Quand mademoiselle de Nicolaï fut à Paris, mademoiselle Cappelle vint la trouver un matin à sa toilette, et lui dit qu'elle ne pouvait pas porter à elle seule la peine de leur imprudence; que, s'étant compromise pour elle par sa correspondance avec M. Clavé, il fallait qu'elle joignît quelques lignes aux siennes pour partager les conséquences de leur étourderie commune.

« La bonhomie de mademoiselle de Nicolaï la trompa encore dans cette occasion, et elle consentit à écrire quelques mots où elle exprimait à M. Clavé le regret de lui avoir fait de la peine involontairement, mais le priait de ne plus lui adresser de lettres, qu'elle ne pouvait ni voulait recevoir.

« A la fête de Tivoli, elle dansa une contredanse avec lui, et c'est la première et la dernière fois qu'elle ait parlé à M. Clavé. Elle n'a jamais vu non plus qu'une seule des lettres de ce jeune homme, lue à l'audience par Me Coralli.

« Après ce récit, il ne fut pas difficile d'apprécier la part légère qu'avait eue mademoiselle de Nicolaï dans toute cette affaire. Je jugeai mademoiselle Cappelle plus sévèrement, et la traitai dans un premier mouvement de *serpent dangereux*. Mais mademoiselle de Nicolaï chercha et a toujours cherché à la justifier, me disant avec une bonne foi remarquable que si mademoiselle Cappelle s'était compromise en écrivant directement à M. Clavé, c'était uniquement dans le but généreux d'atténuer, pour mademoiselle de Nicolaï, les suites de leur imprudence commune. Quoi qu'il en soit, je voulais écrire à mademoiselle Cappelle; mais mademoiselle de Nicolaï me supplia de n'en rien faire, dans la crainte que ma lettre ne fît de la peine à *son amie*. Je me contentai donc de dicter la lettre de mademoiselle de Nicolaï, où elle lui dit qu'elle m'avait tout conté, et que j'exigeais que le nom de mademoiselle de Nicolaï ne fût plus prononcé à M. Clavé, si elle trouvait bon de continuer à lui écrire, comme j'exigeais que celui de M. Clavé ne fût plus prononcé entre elles.

« Après cela je rassurai mademoiselle de Nicolaï, à qui mademoiselle Cappelle, dans ses lettres, parlait de suicide, de duel, de visites à Busagny. Je ne fus pas dupe, comme on le comprend bien, de ces grands mots; mais ne connaissant point M. Clavé, j'avoue que j'étais très-inquiète du parti qu'il pouvait tirer de tout cela pour nuire par ses propos à mademoiselle de Nicolaï. C'est là-dessus que j'attirai son attention. Néanmoins je croyais cette ennuyeuse affaire terminée, quand mademoiselle de Nicolaï reçut un paquet dont l'adresse était de la main de mademoiselle Cappelle. Il contenait un livre de poésies dont le nom d'auteur était effacé et remplacé, toujours de la main de mademoiselle Cappelle, par le nom du *sire de Coucy*.

« Ce livre contenait une lettre de M. Clavé, que mademoiselle de Nicolaï me remit aussitôt. Il exprimait la certitude d'avoir été l'objet d'une mystification, et se plaignait d'une plaisanterie cruelle qui s'était jouée avec les affections les plus chères de son âme. Cette lettre avait pour but de rassurer mademoiselle de Nicolaï sur les craintes qu'elle avait manifestées à mademoiselle Cappelle, et que sa timide expérience pouvait seule lui suggérer; que sa réputation était pure, inattaquable, et qu'il donnerait son sang plutôt que de lui causer un instant de chagrin, à plus forte raison de la calomnier. Par cette lettre je vis avec surprise que mademoiselle Cappelle avait envoyé des lettres de mademoiselle de Nicolaï à M. Clavé. Je songeai alors à retirer cette correspondance : non pas que je craignisse le moins du monde que mademoiselle de Nicolaï eût écrit un seul mot indigne d'elle, mais parce que je ne voulais pas que ces lettres, qui naturellement parlaient de ce qui s'était passé, pussent livrer le secret de cette étourderie aux causeries des salons, où elle pût circuler avec les broderies perfides que la médisance a coutume d'ajouter à ces sortes de récits.

« J'engageai mademoiselle de Nicolaï à redemander ses lettres; elle le fit à plusieurs reprises sans aucun résultat. Ce fut pour moi une raison pour insister davantage, et sachant que mademoiselle Cappelle se trouvait à Paris, j'allai lui demander ces lettres. Elle me dit qu'elles étaient dans une armoire dont madame Garat avait la clef; mais elle me promit de les tenir prêtes pour le lendemain. Quand je me présentai pour les recevoir, on me dit que mademoiselle Cappelle était partie pour Villers-Hellon, à six heures du matin, avec madame Garat. Il me parut difficile qu'elle ne sût pas la veille à quatre heures qu'elle partait le lendemain. »

Après avoir entretenu le tribunal de projets de mariage pour mademoiselle Cappelle, qui ne réussirent pas, madame Delvaux continue :

« Madame de Léautaud m'écrivit le vol des diamants, et me dit ensuite que les soupçons ne se portaient pas sur les domestiques. Quand je revins au mois d'octobre, monsieur et madame de Léautaud vinrent me prendre à Pontoise, et, les premiers mots échangés, madame de Léautaud me dit les soupçons conçus contre mademoiselle Cappelle. Je les rejetai d'abord. — Plus tard je les adoptai; mais je me fis une loi du silence jusqu'en janvier 1840.... »

Voilà les faits. Voici maintenant comment madame Lafarge dans ses interrogatoires, excepté le premier que nous avons rapporté, explique le prétendu dépôt que madame de Léautaud aurait fait entre ses mains des diamants retrouvés au Glandier; nous les empruntons à une étrange lettre adressée par l'accusée à son ancienne amie et remise à cette dernière par Me Bac, l'un des avocats de Marie Cappelle, en présence de M. de Léautaud et de M. de Nicolaï. Cette lettre est l'acte d'accusation le plus perfide qui se puisse imaginer. Les hommes spéciaux habitués à juger ces sortes de pièces demeurèrent un moment, en présence de cettre lettre audacieuse, hésitants et confondus :

Marie,

Que Dieu ne vous rende pas tout le mal que vous m'avez fait! Hélas! je vous sais bonne, mais vous êtes faible. Vous vous êtes dit que, condamnée pour un crime atroce, je pouvais subir une accusation infâme. Je me suis tue : j'ai remis à votre honneur le soin de mon honneur! vous n'avez pas parlé.

Le jour de la justice est arrivé. Marie, au nom de votre conscience, de votre passé, sauvez-moi! Sans doute il est mal de tendre la main à la reconnaissance; mais il est des positions qui ordonnent dans le cœur l'oubli, et je ne sais pour quel front est la rougeur.

Voici les faits, vous ne sauriez les nier. Lorsque je vous connus, bientôt je vous aimai, et je devins bientôt la confidente d'une intrigue commencée à Saint-Philippe-du-Roule, continuée dans une correspondance qui passait par mes mains, achevée à Busagny en mon absence.

Vous découvrîtes bientôt que ce bel Espagnol n'avait ni famille, ni fortune; vous lui défendîtes de vous aimer, après avoir été chercher son amour; et pour en finir, vous avez recommencé un autre amour dans d'autres lettres qui vous ont fait épouser M. de Léautaud.

Je reçus plusieurs lettres de l'abandonné, qui vous accusait et demandait vengeance. Bientôt vous le vîtes, et, sous prétexte de faire faire votre portrait, vous avez trouvé moyen de le calmer.

Cependant cette position devenait intolérable; *il fallait l'éloigner; il fallait pour cela de l'argent.* Alors, quand je fus à Busagny, vous me confiâtes tout, et me trouvant un mari dans la personne de M. Delvaux, vous fîtes tous vos efforts pour me convaincre de l'épouser. Il fut convenu que vous me confieriez vos diamants, *afin que je vous prêtasse dessus ou que j'essayasse de les vendre pour payer les termes de la pension convenue.*

Le mariage ne s'arrangea pas, *mais vous me laissâtes les diamants, et, comme je craignais qu'on ne les découvrît dans la visite que l'on fit, nous les avons démontés ensemble et cousus dans un sachet.*

Lors de mon mariage je conservai ces malheureux diamants, et quand approcha le mois de janvier pour le paiement, je vous écrivis que j'avais confié à mon mari le dépôt que vous aviez fait entre mes mains; que je n'avais pas d'argent à vous prêter, mais que vous parleriez à Lecointe, que nous vendrions les bijoux et les placerions sur la forge à dix pour cent, avantage pour vous.

Tous mes chagrins m'ont empêchée depuis de m'étonner de votre silence; puis, Marie, je croyais en vous : oh! faites que je retrouve mon amie!

Conduisez-vous noblement : pour ma famille, pour mes amis, je ne puis me taire. Aussi me sauver, c'est aussi vous sauver. Je suis obligée de confier ce que je vous dis à mon avocat. Tous ces faits seronts connus; vous savez que j'ai les preuves entre les mains; les voici ces preuves :

Les lettres écrites par vous et par *lui*.

Vos lettres à moi.

Le secret que vous me demandez, et qu'une fois je vous ai gardé, au risque de me brouiller avec ma tante Garat.

La lettre dans laquelle vous me dites qu'il chantait dans les chœurs de l'Opéra, ce qui fera comprendre que l'on peut payer un silence et qu'il est des positions où on spécule sur l'honneur d'une femme.

Ensuite les lettres qu'il m'écrivit après votre mariage : vous savez... la tristesse si bien commentée qui suivit votre mariage.

La précipitation et le secret que vous y avez mis, craignant opposition.

Votre triste état de santé, causé par le tourment, et cessé aussitôt le silence acheté et après mon départ de Busagny...

Voulez-vous d'autres preuves de moi? Le secret de ce dépôt confié à mon mari, et dont je lui parle dans une de mes lettres, en lui disant de les vendre; le soin que j'ai de les lui faire vendre chez Lecointe, que je sais votre bijoutier, et chargé par votre mari de découvrir les diamants volés, mais dans lequel aussi vous me dites avoir toute confiance et que vous voulez prévenir avant la vente. J'ai la lettre écrite à mon mari, et le timbre de la poste fait foi.

Mais pourquoi continuer, pourquoi ne pas parler seulement à votre cœur et à votre conscience? Voudriez-vous avoir ma mort à vous reprocher? oh! je ne survivrai pas à un doute; je saurai mourir; mais devant le prêtre qui me déliera de mes péchés, devant mes amis, devant le Christ, je dirai que je meurs votre victime, que je suis innocente, que je veux la réhabilitation pour mon tombeau, pour ma mémoire que je léguerai au cœur de mes amis. Quand je serai morte, Marie, on me plaindra, on me vengera; votre faiblesse sera un crime et un déshonneur.

Au lieu de cela, regardez votre fils qui vous rend fière, votre Raoul que vous aimez tant; craignez que Dieu ne me venge sur eux. . Venez m'aimer encore et me sauver.

Il n'y a qu'une chose à faire maintenant : *il faut reconnaître par un billet signé de votre main, daté du mois de juin, que vous déclarez m'avoir confié vos diamants en dépôt, avec autorisation de les vendre si je le jugeais convenable : cela arrêtera l'affaire.* Vous expliquerez ainsi que vous l'entendrez votre conduite à votre mari, et toutes vos lettres vous seront renvoyées, et le *plus profond secret garantira votre honneur et votre repos.*

Adieu! croyez-le bien, Marie, pour vous sauver j'ai été martyre deux mois. Vous m'avez oubliée. Je pourrais vous donner ma vie; mais ma réputation, le cœur de mes amis, l'honneur de ma sœur... jamais!

Qui ne comprend, après avoir lu cette lettre, que madame Lafarge voulait obtenir de madame de Léautaud qu'elle avouât une complicité imaginaire dans un larcin dont elle-même avait été victime, et que cette déclaration, due à la pitié de madame de Léautaud, que Marie Cappelle implorait si vivement, devait servir à réfuter l'accusation nouvelle lancée par le ministère public contre l'empoisonneuse du Glandier?

Après avoir écrit à madame de Léautaud et confiante dans l'ancienne amitié qui avait uni les deux jeunes personnes,— à la question des juges :

« Pourquoi, lorsque nous vous avons interrogée une première fois sur ces diamants, avez-vous dit que vous les teniez d'un inconnu, et peu après — d'un oncle que vous aviez à Toulouse? »

Marie Cappelle répond :

« J'étais liée par un serment vis-à-vis de madame de Léautaud; craignant de nuire à sa réputation, je n'ai pas voulu dire la vérité. »

Par malheur pour madame Lafarge, en même temps que l'examen des diamants trouvés au Glandier donnait lieu de constater leur parfaite identité avec ceux que Mme de Léautaud n'avait plus, Mme de Léautaud refusait de répondre à la sommation de mensonge de son ancienne amie. Les montures retrouvées à Busagny et dans lesquelles les pierres précieuses s'adaptaient parfaitement, l'opinion des experts-jurés sur la matière, la non-culpabilité évidente de M. Clavé, qui n'avait jamais entendu parler d'*une pension à lui faire* pour acheter un silence que la délicatesse naturelle de ses sentiments lui avait déjà commandé, le peu de mystère que madame de Léautaud avait fait de cette amourette de pensionnaire à M. de Léautaud, son mari, puisqu'elle-même lui en avait parlé la première, quelques jours après son mariage, enfin les dépositions et la confrontation de vingt témoins et l'examen de la correspondance soutenue pendant quelque temps par Marie Cappelle et M. Clavé (depuis lors parti de Paris pour occuper un poste éminent dans nos colonies françaises), — tout rendit certaine cette triste vérité que, de petites fraudes en grandes, de fourberies inutiles en fourberies intéressées, de vol en vol, de crime en crime, Marie Cappelle, fille d'un brave militaire et élevée dans un cercle de gens honorables, mais privée trop jeune sans doute de l'égide de ses parents et douée d'ailleurs d'instincts mauvais qui dépravèrent de bonne heure ses facultés brillantes, — Marie Cappelle avait dans sa première jeunesse volé les quelques louis d'or qui composaient les petites épargnes d'une amie d'enfance, en y substituant des louis d'or en chocolat, — et plus tard elle avait volé les diamants de madame de Léautaud, en y substituant..... une odieuse calomnie pour sa bienfaitrice.

Les débats, ouverts à Brives le 9 juillet 1840, furent clos le 14 du même mois, et à l'audience du 15 juillet le jugement fut rendu ainsi qu'il suit :

JUGEMENT.

« En ce qui touche la plainte portée par monsieur le procureur du roi contre Marie Cappelle, veuve Lafarge ;

« Attendu qu'il est établi par l'information que, dans le mois de juin 1839, une parure en diamants et perles a été soustraite à madame de Léautaud chez M. de Nicolaï, son père, au château de Busagny ;

« Attendu qu'il résulte du procès-verbal de perquisition fait au Glandier, les 9 et 10 février dernier, par M. Verdeme de La Chapelle, juge d'instruction, que des diamants et des perles démontés ont été trouvés dans un secrétaire qui était à l'usage du sieur Lafarge, époux de Marie Cappelle ;

« Attendu que ces bijoux ayant été représentés, le 12 février suivant, à la dame Lafarge, elle a déclaré qu'ils lui appartenaient, que les diamants lui avaient été remis par un oncle de Toulouse, qui les tenait lui-même d'une grand-tante dont elle ignorait le nom, avec laquelle elle n'avait jamais eu de relations, et qui les lui avait pourtant légués ; qu'il résulte de la déposition d'autres témoins que, tandis que ces diamants étaient au Glandier, M. Lafarge ayant exprimé le désir d'avoir un diamant pour couper du verre, Marie Cappelle alla chercher un sachet en satin ouaté, et en retira un grand nombre de diamants qu'elle dit provenir de son père, qui les lui avait laissés à l'insu et à l'exclusion de sa sœur ; que quant aux perles, la dame Lafarge a déclaré, dans le même interrogatoire du 12 février, que celles montées en épingles lui avaient été données par madame de Léautaud, toutes allégations qui plus tard se sont trouvées mensongères ;

« Attendu que le 16 mars dernier les diamants et les perles ont été parfaitement reconnus, et par le sieur Lecointe, bijoutier, qui avait monté la parure soustraite, et par madame de Léautaud à qui elle avait appartenu ; que quant aux perles montées en épingle et à celle montée en bague que la dame Lafarge prétendait tenir du général Braque et de madame de Léautaud, le sieur Fauveau, commis du sieur Fossin, a déclaré positivement que mademoiselle Marie Cappelle les lui avait remises elle-même quelques jours avant son mariage, pour les monter en épingle et en bague, ce qu'il avait fait ;

« Attendu que le 2 mai dernier Marie Cappelle, veuve Lafarge, ayant été interrogée de nouveau sur les diamants, a fini par avouer qu'ils appartenaient à madame de Léautaud, comme ayant fait partie de la parure qui faisait l'objet des investigations de la justice ; mais elle a ajouté qu'elle ne les avait point volés, et qu'ils lui avaient été remis à titre de dépôt par madame de Léautaud pour les vendre et en transmettre la valeur à un sieur Clavé, avec lequel mademoiselle de Nicolaï avait été en rapport en 1836 ; qu'il s'agit donc d'apprécier ce nouveau système de défense et d'examiner s'il est de nature à détruire l'accusation de vol qui pèse sur la dame Lafarge ;

« Attendu, à cet égard, qu'une foule de circonstances se réunissent pour démontrer l'invraisemblance et l'absurdité de ce système de défense (suit l'énumération et la discussion de ces circonstances, dont nous avons rapporté les principales) ;

« Attendu que de tous les faits, de toutes les circonstances, il résulte clairement et évidemment que Marie Cappelle, veuve Lafarge, s'est rendue coupable du vol de diamants qui lui est imputé ; que le prétendu dépôt dont elle a parlé ne repose que sur son allégation, n'est étayé sur aucune preuve, sur aucun adminicule de preuve ; qu'il est au contraire repoussé par une foule de circonstances et de considérations, et notamment par celles de la position sociale qu'occupe madame de Léautaud, de l'éducation qu'elle a reçue, du nom qu'elle porte et des nobles traditions qu'elle a recueillies dans sa famille ;

« Attendu que si un vol commis par une personne aussi bien élevée et autant au-dessus du besoin que Marie Cappelle est d'une grande gravité, il devient encore plus coupable par le système de défense qu'elle a adopté, système qui aurait pu, pour un grand nombre d'esprits crédules et superficiels, entacher la réputation de madame de Léautaud, et compromettre son repos et son bonheur pour toujours, si la vérité ne s'était pas fait jour et si la justice n'était pas venue la couvrir de son égide ;

« Par ces motifs, le tribunal donnant défaut contre Marie Cappelle, veuve Lafarge, la déclare atteinte et convaincue d'avoir, au mois de juin 1839, soustrait frauduleusement une parure en diamants appartenant à madame de Léautaud ; pour réparation de quoi, lui faisant application des art. 401 du Code pénal et 294 du Code d'instrction criminelle ;

« La condamne à deux ans d'emprisonnement ;

« Condamne la partie civile aux dépens envers le trésor, sauf son recours contre Marie Cappelle ;

« Et, statuant sur les conclusions de la partie civile, lui fait main-levée de la parure en diamants, perles et brillants en l'état où elle se trouve actuellement ; bien entendu que la dite main-levée ne recevra son exécution qu'après que les délais, soit de l'opposition, soit de l'appel, seront expirés ; permet l'insertion du présent jugement dans tous les journaux de Paris ; autorise la partie civile à le faire imprimer au nombre de mille exemplaires et de le faire afficher partout où il lui plaira, pour être remboursée des frais d'impression et d'affiches sur les mémoires des éditeurs de journaux, des imprimeurs et des huissiers ; condamne ladite Marie Cappelle, veuve Lafarge, et ce par corps, aux dépens pour tous dommages-intérêts envers la partie civile ;

« Fixe la contrainte par corps à un an. »

III.

Cour d'Assises de Tulle. — Affaire du Glandier. — Présidence de M. Barny. — Les Expertises. — MM. Dubois et Orfila. — Coup de foudre. — La Condamnation. — Détails sur la captivité de madame Lafarge.

Les audiences du tribunal correctionnel de Brives, présidé par M. Laviale de Masmorel, avaient attiré déjà une foule considérable. Cette solennité judiciaire avait été le procès d'inauguration du nouveau palais de justice de Brives ; et, bien que la place réservée au public fût très-vaste, l'encombrement fut tel que plusieurs personnes munies de billets d'introduction à des places réservées, ne purent en faire usage ni même pénétrer dans l'enceinte de l'édifice.

Mais la solennité judiciaire de Tulle devait l'emporter de beaucoup sur celle de Brives. Malgré la condamnation de l'accusée sur le chef du vol des diamants, l'intérêt qu'elle avait excité n'avait fait que s'accroître. Après les investigations scrupuleuses et l'arrêt de la justice, il se trouvait encore des milliers de personnes disposées à croire que Marie Cappelle avait été sacrifiée à la famille de Léautaud, et que les faits inscrits dans les lettres de madame Lafarge, portées à madame de Léautaud par Me Bac, étaient les véritables. Ces faits avaient été accueillis avec une grande faveur, justement parce qu'ils affligeaient une famille haut placée qui n'était point en cause, et qu'ils étaient favorables à l'accusée, posée en victime. A ce trait qui ne reconnaîtrait le caractère français, toujours prompt à sympathiser avec le malheur (surtout quand le malheur est représenté par une femme agréable de figure et d'esprit), et cette légèreté, moins honorable, il faut le dire, avec laquelle une calomnie est accueillie chez nous parce qu'elle frappe dans les hautes sphères de l'ordre social.

A un point de vue plus sérieux, ne serait-il pas juste de déplorer les événements qui compromettent la réputation des premières familles? Mieux placées, pour ainsi dire, à cause de leur indépendance même et de la notoriété nécessaire de leurs actes, pour pratiquer toutes les vertus, ce n'est pas elles seules qu'elles déshonorent en outrageant la morale : c'est la nation tout entière, c'est l'humanité.

Quoi qu'il en soit, Tulle fut inondé d'une foule impatiente d'assister au procès de madame Lafarge, foule en grande majorité sympathique à l'accusée. Tous les hôtels étaient envahis soit par des curieux, soit par des journalistes et des sténographes, soit aussi par des témoins, assignés en grand nombre. Les maisons particulières n'avaient plus de chambres à offrir aux derniers venus et plusieurs se trouvaient placés dans l'alternative de repartir ou de bivouaquer sur la place publique, lorsque la première audience eut lieu — le 3 septembre 1840.

Me Paillet, nommé récemment bâtonnier de l'ordre des avocats à la Cour royale de Paris, avait été chargé de la défense de madame Lafarge, et l'on disait que par suite des dissidences survenues entre lui et ses deux collègues Mes Bac et Lachaud, il avait renoncé à prêter à Marie Cappelle le secours de son talent.

La santé de madame Lafarge faisait craindre alors qu'elle ne pût supporter jusqu'au bout les débats. Une chaleur brûlante et les émotions du prétoire aggravaient sa position de jour en jour.

La prison est située sur une colline escarpée qui domine la ville. Le Palais-de-Justice s'élève sur les quais. Pour se rendre en voiture de la prison au Palais-de-Justice, il faut faire un long et difficile circuit, et suivre dans toute leur longueur les quais sur lesquels presque toute la ville est bâtie.

En conséquence on avait voulu éviter à l'accusée ce trajet pénible, et la veille de la première audience, à onze heures du soir, elle fut amenée dans sa propre voiture au Palais-de-Justice, qu'elle ne quitta plus qu'à la fin des débats. Cette translation, que rien ne faisait prévoir à cette heure avancée, fut exécutée dans le plus grand ordre et au grand galop des chevaux. Un piquet de gendarmerie accompagnait la voiture.

Dès cinq heures du matin les curieux commençaient à stationner aux alentours du Palais-de-Justice. On voyait parmi eux de jeunes avocats stagiaires revêtus des insignes de leur profession. Mais les portes étaient inexorables; elles ne devaient s'ouvrir à la foule, comme aux billets de faveur, qu'à sept heures et demie. L'audience était indiquée pour huit heures. Les témoins et les gens de loi étaient obligés de se promener sur le quai, et la sévérité du costume de ces derniers contrastait d'une manière bizarre avec les toilettes des dames, qui petit à petit arrivaient devant le Palais. A sept heures la foule était compacte, mais dans une attitude calme. A sept heures et demie les portes du Palais furent ouvertes, et toute la salle fut remplie comme par enchantement. Les bancs réservés au barreau furent tout de suite envahis. L'enceinte de l'audience était tellement remplie qu'il ne restait pas une place pour les témoins.

Des siéges placés derrière et au-dessous de la Cour étaient occupés par les autorités du département et par des magistrats de tous les tribunaux du ressort. On y remarquait M. le général Hugo, oncle de M. Victor Hugo; M. Lavialle de Masmorel, président du tribunal de Brives; M. Dubreuil, conseiller à la Cour royale de Riom; M. Meunier, préfet, beau-frère de M. Odilon Barrot.

Au-dessus de la porte d'entrée on avait construit une tribune dont l'aspect ne troublait en aucune manière l'harmonie de la construction. Cette tribune avait été réservée aux dames; aussi à peine les portes furent-elles ouvertes qu'elle fut tapissée des toilettes les plus élégantes. On aurait dit les premières galeries de l'Opéra un jour de première représentation.

Une table disposée exprès dans l'endroit le plus commode pour bien voir et entendre avait été réservée aux journalistes.

Au banc de la défense était assis Me Paillet, assisté de Me Desmoettе, avocat à la Cour royale de Paris.

Me Peyredieu, qui assistait comme avoué madame Lafarge devant le tribunal de Brives, était assis devant le banc des avocats avec la famille Lafarge. Me Bac était présent à l'audience, mais hors du banc des avocats et en habit de ville.

Me Coralli, arrivé à Tulle dans l'intention d'intervenir comme partie civile au nom de madame Lafarge mère, s'il y avait lieu, était mêlé en costume d'avocat aux membres du barreau de la ville de Tulle.

La famille de Nicolaï, citée en témoignage, à l'exception de madame de Nicolaï, fut accueillie, à son entrée dans la salle, par un mouvement de curiosité, ainsi que la famille Garat, à laquelle avait été réservée un banc devant l'accusée et les défenseurs.

A huit heures et quart, la Cour entra en séance. Elle était composée de M. de Barny, président; de M. de Gaujal, vice-président; de MM. de Lamirande et Grèze, juges-assesseurs.

M. Decous, avocat-général à la Cour royale de Limoges, occupait le banc du ministère public.

Madame Lafarge ayant été introduite, un vif mouvement de curiosité se manifesta dans toutes les parties de l'assemblée. Chacun s'empressait pour voir le visage de l'accusée, presque entièrement couvert par le voile de son chapeau.

Nous allons analyser les débats audience par audience, poursuivant la vérité sur le mystérieux drame du Glandier à la lueur des interrogatoires, et indiquant au fur et à mesure les épisodes de la lutte, le reflet des débats sur l'esprit des assistants.

L'audience du 4 septembre fut consacrée à l'interrogatoire de Marie Cappelle. Affaissée par son état de souffrance physique, elle y fit preuve d'une remarquable lucidité d'esprit. Plus d'une fois un étrange murmure d'approbation fut arraché par ses réponses à l'auditoire.

Le formulaire des questions d'usage une fois épuisé, le président atteint le vif de la question des relations entre Lafarge et sa femme.

« D.—Comment conciliez-vous cette tendresse exaltée que vous témoigniez par lettres à votre mari, avec la lettre bien cruelle pour un époux que vous écrivîtes à Lafarge, alors que vous arrivâtes au Glandier? Il est assez difficile de comprendre cette métamorphose.

« R.—J'ai déjà répondu que les bons soins de M. Lafarge m'avaient gagné le cœur. Je l'aimais véritablement, non d'amour, mais d'affection. Il m'écrivait des lettres fort passionnées, et je croyais de mon devoir de le rendre heureux, en me servant du même langage.

« D.—Maintenant, expliquez-vous sur l'envoi des gâteaux ou du gâteau, car l'accusation soutient qu'il n'y en avait qu'un seul, de la dimension d'une petite assiette. Cela est une comparaison triviale sans doute, mais cela rend la forme compréhensible pour tout le monde.

« R.—Que voulez-vous que je dise? je ne puis apporter ici que mon affirmation. Je suis bien sûre de ne dire que la vérité en affirmant avoir mis dans la boîte trois ou quatre gâteaux, des petits gâteaux, des choux, comme on les appelle. J'en suis parfaitement sûre.

« D.—Ainsi vous pensez donc que le témoin qui a affirmé le contraire, témoin sur lequel la justice a eu des inquiétudes à raison même de l'importance de son affirmation, a déposé avec mauvaise foi?

« R.—Non, mais je dis la vérité.

« D.—Il y avait dans votre chambre un lit où couchait mademoiselle Brun; elle vous a vue mettre une poudre dans le lait de poule. On vous a demandé ce que vous y aviez mis, et vous avez répondu : On y a mis, et non pas j'y ai mis, de la fleur d'oranger; sur quoi la personne vous dit en insistant : « Il n'y a rien de commun entre de la poudre blanche et de la fleur d'oranger. » Alors vous ne répondîtes rien.

« R.—Je disais à tout le monde que je mettais de la gomme dans les potions de M. Lafarge.

« D.—Vous ne précisez pas dans votre réponse.

« R.—Je ne me rappelle pas ce fait; il est si petit...

« D.—Ce n'est pas là un petit fait; il est bien loin d'être indifférent au procès. On vous voit opérer avec mystère et presque sous votre rideau; on voit de la poudre blanche sur le lait de poule; on vous interroge sur cette poudre blanche, et au lieu de répondre sur un fait qui vous est personnel, vous vous bornez à dire : On y a mis de la fleur d'oranger.

« R. — Mais je n'ai pas répondu cela.

« D. — On vous a objecté que la fleur d'oranger n'est pas en poudre et vous ne trouvez rien à répondre.

« R. — Il n'y avait rien à répondre, et voilà pourquoi je n'ai pas répondu.

« D. — Mademoiselle Emma Poultier ayant passé une nuit avec vous auprès de M. Lafarge, ne mîtes-vous pas (c'était dans la nuit du 12 janvier) une pincée de poudre blanche dans une potion préparée pour votre mari?

« R. — Mademoiselle Emma Poultier a passé la nuit une fois avec moi, mais il y avait toujours là avec M. Lafarge ou sa mère, ou sa sœur, ou sa tante. Je n'ai jamais passé la nuit seule avec mademoiselle Emma Poultier auprès du malade.

« D. — N'est-ce pas vous-même qui dans cette nuit avez par trois fois donné de la tisane au malade? N'y avez-vous pas mis de la poudre blanche?

« R. — Je lui en ai donné comme les autres, et quand il en demandait. Je n'ai jamais mêlé de la poudre blanche à ses potions. Une fois, en présence de mademoiselle Emma Poultier, j'ai mis de la gomme, comme j'en avais mis dans le lait de poule.

« D. — Expliquez maintenant, si, comme vous le prétendez, vous n'avez pas fait un criminel usage des doses considérables d'arsenic qui vous ont été remises, l'emploi que vous avez fait de cet arsenic dans un but innocent.

« R. — On en a fait de la mort aux rats.

« D. — Comment se fait-il que cette mort aux rats, préparée d'après vos ordres par les soins de vos domestiques, ne se soit pas trouvée contenir de l'arsenic?

« R. — Je n'en sais rien.

« D. — Vous avez vu qu'on n'avait pas trouvé d'arsenic dans la mort-aux-rats.

« R. — Je n'en sais rien.

« D. — Pendant les deux derniers jours de la vie de Lafarge ne dirigeait-il pas sur vous des regards où se peignait l'indignation? Ne manifestait-il pas en vous voyant un sentiment de répulsion? Tantôt ne poussait-il pas des cris inarticulés qui semblaient peindre l'effroi? Tantôt ne gardait-il pas un silence morne lorsque vous lui parliez? N'en avez-vous pas même exprimé votre chagrin à plusieurs personnes?

« R. — Il est de fait que M. Lafarge se montrait tout différent pour moi. Lorsque je lui prenais la main, il ne me la serrait plus. J'avoue que j'en fus douloureusement frappée; je ne pouvais m'en rendre compte... Mais maintenant je ne comprends que trop... Je l'ai remarqué : il n'avait plus cet air heureux de ma présence. J'en ai parlé à M. Bardou.

Mademoiselle de Nicolaï.

« D. — Il résulte des dépositions de plusieurs témoins que vous vous êtes montrée fort inquiète pendant qu'on procédait à l'autopsie de votre mari. Vous manifestâtes à plusieurs personnes un très-grand empressement de savoir si on avait trouvé du poison dans les intestins : quel était le motif de cet empressement?

« R. — Les médecins disaient qu'il était mort d'une gastro-entérite. Lorsque j'ai été accusée d'une chose aussi épouvantable j'espérais que la Providence prouverait que les médecins ne s'étaient pas trompés. Aussi j'ai envoyé plus de cinquante fois pendant l'autopsie.

« D. — Jusqu'ici l'accusation soutient que Lafarge est mort des suites d'un empoisonnement. Avez-vous des raisons pour supposer un suicide?

« R. — Du tout, M. le président.

« D. — Croyez-vous pouvoir en accuser quelque autre personne?

« R. — Je n'accuserai jamais personne d'une pareille infamie; j'ai trop souffert pour me montrer à ce point cruelle envers une autre. »

A ces mots prononcés d'une voix émue, un frisson de sympathie et de pitié circule dans l'auditoire. Les juges eux-mêmes ne peuvent complètement maîtriser leur émotion.

On passe à l'audition des témoins. Nous avons rapporté les dépositions capitales dans le récit par lequel commence cette chronique judiciaire. L'audience fut terminée par la lecture du procès-verbal d'autopsie constatant que le cerveau du défunt ne présentait aucune lésion appréciable, que le cœur était volumineux sans être hypertrophié, et que seulement une légère nuance rosée, indice d'inflammation, colorait les valvules mitrale et tricuspide; que les poumons étaient intacts, mais que la membrane muqueuse de l'estomac présentait un grand nombre de plaques rouges, que la muqueuse de l'intestin grêle portait des traces de phlegmasie. Les liquides recueillis dans l'estomac et les viscères voisins furent gardés pour être soumis à l'analyse.

Audience du 5. — L'accusée est amenée sur son banc; elle entre appuyée sur le bras de M. le docteur Ventajouls, son médecin; sa faiblesse semble augmenter avec la fatigue des débats. On apporte sur le bureau les pièces à conviction.

M. LE PRÉSIDENT. — Accusée, reconnaissez-vous les scellés apposés hier à cette caisse?

L'ACCUSÉE. — Je les reconnais.

M. L'AVOCAT-GÉNÉRAL. — Je m'en remets à la sagesse de la Cour sur le mode à suivre dans les opérations.

M. LE PRÉSIDENT. — Messieurs les experts, pouvez-vous opérer à l'audience?

M. DUBOIS. — Nous ne pouvons faire à l'audience que les expériences les plus simples; quant aux opérations à faire sur les parties organiques, il est convenable qu'elles soient faites hors de cette enceinte. L'odeur sera probablement insupportable.

M. LE PRÉSIDENT : On va donc porter la caisse (sensation) dans le laboratoire de MM. les chimistes. MM. les experts procéderont à l'analyse des parties organiques, après quoi ils viendront informer la Cour des résultats qu'ils auront obtenus.

En face de la douleur et de l'accablement de l'accusée, l'interrogatoire des témoins évoque alors la douleur plus sainte, plus naïvement exprimée de la mère de l'infortuné Lafarge.

Le témoin rend compte des derniers moments de son malheureux fils. Les soupçons prenaient de jour en jour plus de consistance; M. Fleygniac avait envoyé un livre sur les empoisonnements, et il avait marqué la page à l'endroit de ce qu'il fallait faire. Il recommandait de lui faire boire beaucoup d'eau tiède pour empêcher l'arsenic de passer dans le sang.

Dans les derniers moments Charles ne pouvait plus regarder sa femme. Celle-ci s'étant approchée de son lit, il la regarda avec des yeux... (Le témoin jette devant elle des regards où se peint l'effroi) en disant : Huum! huum! huum! par trois fois, avec un grand soupir du fond du cœur.

Je n'ai plus voulu quitter mon pauvre Charles. Il m'a demandé jusqu'au dernier moment. (Ici le témoin succombant sous le poids de son émotion, s'arrête et pleure.) Enfin il s'est écrié : « Allez, allez chercher... » Il n'a plus rien dit.

La pauvre mère penche sa tête sur ses deux mains, et, penchée sur la balustrade de l'espèce de tribune où les témoins déposent, elle reste longtemps étouffée par ses sanglots. L'émotion de l'auditoire, est au comble. Cinq minutes se passent ainsi dans le plus profond silence : l'auditoire, la Cour, le jury, restent immobiles et respectueux devant les témoignages si touchants de cette muette douleur.

Quant à l'accusée, elle demeure immobile et une pâleur cadavérique couvre ses traits. Elle semble renaître à la vie quand le tribunal passe à l'audition d'un autre témoin.

Les sympathies générales un moment acquises à la belle-mère devaient retourner bientôt à la belle-fille, par le magique effet du rapport des premiers experts, ainsi que nous allons le voir.

Nous touchons au moment le plus pathétique du drame judiciaire dont nous faisons l'histoire : celui où l'accusation, confondue par le témoignage de la science, en vint à douter elle-même et à fléchir devant l'innocence un moment évidente de madame Lafarge. La déposition du témoin Vicant avait un peu préparé à ce coup de théâtre.

NEUVIÈME TÉMOIN : Vicant, greffier du tribunal de Brives.

M. VICANT : Le 15, nous arrivâmes avec M. le procureur du roi au Glandier, à deux heures. Les médecins ne se trouvaient pas là. Le 16 seulement on put procéder à l'autopsie, qui ne donna point de résultats définitifs. Ce fut alors qu'on recueillit les objets qui pouvaient contenir du poison. Madame Lafarge mère avait renfermé tous ces objets dans un placard ; on les mit dans quelques cruchons et bouteilles ; en présence des deux dames Lafarge, on mit autour de ces vases des étiquettes. On pensa que cela suffisait, parce qu'on avait l'intention de sceller ces objets à Brives. On renferma le tout dans un panier qu'on fit mettre sur un cheval à quatre heures du soir.

M. Lafarge a son lit de mort.

L'interrogatoire du témoin Vicant donne lieu de constater que le transport de ces pièces à conviction n'a pas été entouré d'assez de soins et que de simples bandes de papier collé ont servi à sceller les bouteilles. Cette circonstance fait naître un moment l'espoir d'incidents favorables à l'accusée. Sur ces entrefaites les experts reparaissent et M. Dubois père prend la parole au nom de MM. Dubois fils et Dupuytren, ses collègues. (Profond silence.)

« Nous commençons, dit-il, par remettre à M. le président la moitié des matières organiques qui nous avaient été confiées par la Cour. Voici le vase contenant l'estomac. Les substances qu'il contient ne présentaient aucune forme organique ; le viscère était desséché et présentait un poids total de 33 grammes.

« Voici maintenant la carafe contenant une partie des liquides de l'estomac ; troisièmement une bouteille contenant les liquides des vomissements, une autre bouteille contenant les mêmes liquides.

« Nous nous sommes, M. le Président, livrés aux recherches qui nous ont été confiées avec le plus grand soin, la plus religieuse attention, la plus grande exactitude.

« Nous nous sommes d'abord occupés de l'examen de l'estomac. Nous avons employé plusieurs procédés. Nous avons d'abord opéré selon la méthode indiquée par les ouvrages en vogue, qui sont ceux de M. Orfila. Nous avons charbonné une partie de ces matières, nous les avons ensuite soumises à un lavage, et nous avons mis dans l'appareil de Marsh le charbon entraîné par ce lavage. Nous n'avons obtenu aucun résultat, quelle qu'ait été notre attention, quelles qu'aient été les minutieuses recherches auxquelles nous nous sommes livrés. (Mouvement.)

« Voici notre seconde opération : nous avons traité l'estomac sans aucun réactif chimique ; nous l'avons traité par l'eau distillée et bouillante, afin de nous emparer de toutes les matières solubles.

Nous avons soumis cette eau de solution à des réactifs et nous n'avons encore obtenu aucune manifestation d'arsenic. (Nouveau mouvement.)

« Nous avons ensuite analysé les liquides contenus dans l'estomac. Nous avons soumis ces liquides, d'une odeur nauséabonde et d'une couleur brune, à l'appareil de Marsh, et nous les avons laissé chauffer plus d'une heure. Cette opération n'a pas fourni la moindre tache métallique. (Murmures de satisfaction.)

« Nous avons ensuite traité la substance brune par le feu dans l'appareil de Marsh, sans réactifs chimiques. Point de tache arsenicale. (Mouvement général.)

« Nous n'avons pas trouvé d'arsenic dans l'organe de l'estomac, mais seulement la présence des matières ferrugineuses employées comme contrepoisons.

« Enfin les liquides résultant des vomissements ont été soumis à l'évaporation afin de diminuer leur volume. Le résidu a été analysé. Il n'est résulté de l'analyse aucun atôme d'arsenic. »

Ces dernières conclusions produisent dans l'auditoire un mouvement impossible à décrire. Quelques applaudissements se font entendre ; madame Lafarge lève les yeux au ciel en joignant les mains ; Me Lachaud lui tend l'une des siennes, et serre avec un mouvement convulsif celle que madame Lafarge lui abandonne.

Dès les premières paroles de l'expert toutes les attentions sont excitées ; à mesure qu'il déduit les conclusions qu'avec ses collègues il a tirées des différentes expériences faites, on voit l'étonnement se peindre sur tous les visages ; il est écouté dans le plus grand silence, et quand il a cessé de parler on écoute encore ; tout le monde se regarde, s'interroge des yeux. Une réaction en faveur de l'accusée parcourt toute la salle. Me Lachaud ne peut contenir un applaudissement ; Me Paillet joignant les mains avec force, s'écrie : Et huit mois de prévention ! — Toute la famille de madame Lafarge est en pleurs. M. de Violaine, beau-frère de l'accusée, se trouve mal, et est obligé de quitter l'audience. L'accusée elle-même succombe à son émotion et fond en larmes...

Mais, tandis que les convictions de tant de personnes et des magistrats instructeurs eux-mêmes paraissent modifiées, le Président parle de la sagesse qu'il y aurait à faire contrôler l'expertise par d'autres sommités scientifiques. La Cour statue dans ce sens. M. Orfila, M. Devergie et M. Chevalier sont mandés de Paris, pour analyser les matières, provenant d'une exhumation du cadavre de feu Lafarge.

Audience du 6. — Sur la réquisition du ministère public, la Cour ordonne que les docteurs Lespinasse, Massénat et Dubois fils, assistés du juge de paix du canton ou de l'un de ses suppléants, procéderont sur-le-champ à une exhumation de feu Lafarge, pour extraire tous les viscères, tous les organes qui, d'après leurs connaissances anatomiques, leur paraîtront susceptibles d'avoir enfermé des matières vénéneuses, et les transporter sous bonne garde dans la ville de Tulle.

Elle ordonne, en outre, que procès-verbal de l'exhumation sera dressé et expédié pour être mis sous les yeux de la Cour, et accompagnera l'envoi des matières. Enfin, il sera procédé dans la ville de Tulle à une analyse chimique de ces matières, afin de voir si elles contiennent des substances vénéneuses. Tous les experts précédemment nommés procéderont de concert à cet examen. MM. Filhol et Fage, pharmaciens à Tulle, membres du jury médical, leur seront adjoints.

 Paris. — Imp. Blondeau, rue du Petit-Carreau, 32.

Après ce délibéré, la Cour revient à l'audition des témoins. M. Eyssartier, pharmacien, qui a fourni de l'arsenic à madame Lafarge, et Denis Barbier, commis de M. Lafarge sont entendus. Aucune lumière nouvelle ne jaillit de ces dépositions.

Audience du 7. — On entend M. Coinchon de Beaufort, père de la première femme de feu Lafarge. Il fait connaître l'embarras d'argent dans lequel se trouvait la victime, dès l'époque de sa première union, et les rapports désagréables qu'il a dû soutenir avec son gendre. Parant, garçon de l'hôtel de l'Univers, à Paris, où Lafarge logeait lors de l'envoi des gâteaux, est aussi interpelé. Il présente un *fac-simile* du gâteau qu'il a déballé lui-même sous les yeux de M. Lafarge et répète qu'il n'y en avait qu'un.

Me Paillet, tire de la comparaison de la date de cet envoi d'une caisse à Paris, avec la date postérieure du brevet à Lafarge, la conclusion que madame Lafarge n'a pas pu, même au point de vue où l'accusation la place, vouloir tuer son mari, avant que la possession du brevet mît celui-ci à même de rétablir sa fortune. Réplique animée de l'avocat-général. L'audience est levée au milieu d'une vive agitation.

Audience du 8. — Les premiers experts nommés par la Cour arrivent du Glandier, munis des substances en putréfaction, résultant de l'exhumation du corps de feu Lafarge. Cette fois les vases ont été scellés, et toutes les formalités requises remplies scrupuleusement.

Les experts ont disposé leurs alambics dans le lieu le plus voisin de la salle où se tiennent les audiences.

Cinq ou six fourneaux sont rangés en cercle et chauffés par un immense brasier toujours rouge. C'est autour de ces brasiers dévorants que les chimistes s'occupent de leur tâche.

L'odeur pénétrante occasionnée par leurs opérations se répand jusque dans la salle; elle est si forte que l'on doute un instant si l'on pourra tenir l'audience.

On interroge Clémentine Servat, femme de chambre de l'accusée. Elle nie l'existence de la galette, vue par Parant dans la caisse envoyée à Paris. La boîte a été fermée devant elle, et n'a pas été rouverte depuis à sa connaissance.

Questionnée sur le voyage de sa maîtresse, qu'elle a accompagnée de Paris au Glandier, elle raconte une première scène violente entre les nouveaux mariés. « A Orléans, dit-elle, madame alla prendre un bain. Son mari l'accompagna. Alors qu'elle était dans l'eau il voulut entrer à toute force, et frappa violemment à la porte. Je lui dis: On n'entre jamais dans la chambre d'une femme quand elle se baigne. Il me répondit: Au Glandier cela ne se passera pas comme ça. Je la ferai aller d'une drôle de manière. »

« M. L'AVOCAT-GÉNÉRAL. — C'était une impatience bien légitime.

« Me PAILLET. — Je ne veux pas faire à sa mémoire des reproches sur cette impatience; mais il est une manière de la manisfester.

« M. L'AVOCAT-GÉNÉRAL. — Ce n'est pas une scène violente.

« Me PAILLET. — Ces choses-là ne peuvent se discuter. »

Pendant cette discussion l'accusée paraît souffrir beaucoup; elle se couvre la figure de son mouchoir et serre son flacon dans sa main par un mouvement nerveux.

A cette occasion se manifestent encore les sympathies de l'auditoire.

Audience du 9. — On entend mademoiselle Emma Poultier, et aussitôt après sa déposition les premiers experts paraissent et déposent leur rapport. Des applaudissements prolongés en saluent la lecture. M. l'avocat-général fait entendre des paroles pleines de sévérité et de sagesse sur l'inconvenance des applaudissements ou des improbations dans le sanctuaire des lois. Un silence profond se rétablit, à compter du moment où il a rappelé nominativement un des claqueurs à l'ordre.

Audience du 10. — M. l'avocat-général prend la parole. Il paraît ébranlé dans sa conviction sur la culpabilité de Marie Cappelle, mais dominé par la nécessité, par le devoir impérieux de chercher et de trouver la main criminelle qui a entouré le mourant de poison : « De là, dit-il, la nécessité de la seconde expertise à laquelle il va être procédé. »

Me Paillet n'a rien à répondre à l'accusation qui, dit-il, vient de faire elle-même son oraison funèbre. Il proteste contre la nécessité d'une nouvelle expertise, qu'on n'aurait certainement pas accordée si, le résultat étant défavorable, l'accusée l'avait demandée.

Audition de mademoiselle Anna Brun, peintre, demeurant à Flourand (commune de Meyssac), et venue au Glandier pour exécuter le portrait de Marie Cappelle, envoyé à Paris dans la caisse ouverte par Parant.

D. Que savez-vous sur les gâteaux?

R. Les gâteaux furent portés dans la chambre de Marie par Adélaïde Buffières. Madame Marie me dit qu'elle allait chercher une boîte particulière pour mettre les gâteaux dedans. Elle sortit, resta cinq minutes, plus ou moins, et je ne m'aperçus pas, lorsqu'elle revint, si elle avait une boîte; je n'en vis pas non plus mettre dans la caisse. Cette caisse contenait, ainsi que je l'ai déjà dit, d'abord de la musique roulée, je crois, et différents autres objets que j'ai indiqués; les marrons remplissaient les vides.

D. Avez-vous vu, de vos propres yeux vu, mettre les gâteaux dans la caisse?

R. Non; j'étais près de la cheminée, j'allais et venais dans la chambre. Elle m'a dit qu'elle envoyait quatre gâteaux.

D. Une assiette de dessert aurait-elle pu tenir dans la boîte?

R. Je crois qu'une petite assiette, très-petite, eût pu tenir dans la boîte.

UN JURÉ. — Lui vîtes-vous emporter l'assiette lorsqu'elle alla chercher la petite boîte?

R. Je n'ai pas remarqué qu'elle emportât l'assiette.

UN JURÉ. — Mit-elle les gâteaux dans du papier.

R. Je ne me le rappelle pas.

Me PAILLET. — Quels sont les objets mis dans la caisse ?

R. — Je ne peux me le rappeler. J'étais près de la cheminée, ou bien j'allais et venais; je ne me suis pas assez occupée de la caisse pour préciser l'ordre dans lequel les divers objets y ont été mis.

Me PAILLET. — Cette une chose vraiment singulière que cette fragilité jointe à cette certitude de souvenirs. Sous les marrons qu'y avait-il?

R. — Je ne sais pas, je ne me rappelle plus.

Me PAILLET. — Ainsi donc, dans tous ces faits, mademoiselle Brun ne se souvient que d'un seul, de la petite boîte; tout le reste a été oublié, et cette partie de la chambre, elle n'en avait pas parlé. Aujourd'hui c'est le seul détail qui soit resté dans la mémoire du témoin!...

Audience du 11. — Le président a les mains pleines de lettres qu'il vient de recevoir à l'instant au sujet de Marie Cappelle. Il se plaint de cette correspondance passionnée dont l'accusée est l'objet. Tous les jours, dit-il, j'en reçois autant. Ces donneurs d'avis anonymes feraient bien de se montrer en face!...

M. l'avocat-général se plaint de la même persécution anonyme.

Il paraît que, de son côté, l'accusée ne reçoit pas moins de lettres de tous les coins de la France, ainsi que des fleurs, des présents. L'une des lettres qu'elle a reçues a été remarquée à cause de son extravagance, qui peint la préoccupation exaltée dont Marie Cappelle est l'objet.

Un inconnu se déclare l'auteur de la mort de Lafarge et annonce qu'il vient de se suicider en se jetant dans la Seine. Son corps sera trouvé sans doute, et porté à la Morgue... Marie est innocente. Lui seul est coupable. Qu'elle lui pardonne ses douleurs et huit mois de captivité.

Me PAILLET. — Avant de passer à un nouvel ordre de faits, j'aurais une question à adresser à mademoiselle Brun. Est-il vrai que, dans la soirée d'hier, elle ait reçu un billet anonyme dans lequel on lui adressait des menaces si elle déposait contre l'accusée? La défense a hâte d'éclaircir ce point.

MADEMOISELLE BRUN. — Hier, en rentrant chez moi, je posai mon châle sur le lit. Un moment après ma mère y trouva un billet attaché par une épingle. Voici ce billet, qui est ainsi conçu :

« Si tu parles contre M....., tu es morte. »

Une discussion assez vive s'engage sur ce point.

Me Paillet attribue cet infâme billet aux ennemis de l'accusée, qui ont voulu faire croire qu'il y a un système de corruption, d'intimidation, dans l'intérêt de l'accusée.

M. l'avocat-général l'attribue au contraire aux amis de l'accusée, et il repousse l'interprétation de Me Paillet.

Mademoiselle Brun reprend le cours de sa déposition, qui établit la présence d'une poudre blanche dans la maison du Glandier et l'usage fréquent que l'accusée en faisait, en préparant les breuvages destinés au malade.

« Je remarquai, dit-elle entr'autres déclarations, une panade préparée par madame Lafarge; je n'y vis rien mettre, mais sur la surface je vis une poudre blanche. Je m'approchai de la commode, et je vis une traînée de poudre; par le tiroir entr'ouvert j'aperçus un petit pot, et la traînée correspondait avec le pot. Je goûtai, et la poudre me produisit un picottement pendant à peu près une heure. Je remarquai aussi un verre sur la table de nuit; il contenait quelques parcelles de poudre blanche et quelques gouttes d'eau; j'en pris entre mes doigts: c'était comme un sable très-fin et résistant. Je comparai avec la gomme; la gomme poissait. Je le fis remarquer à madame Marie, qui dit que c'était de la gomme. Du reste, ajouta-t-elle, je vais boire. Elle remplit le verre, et je crois qu'elle but, mais je ne puis l'affirmer.

« D. Après avoir bu, n'éprouva-t-elle pas des vomissements?

« R. Je n'ai pas entendu parler de vomissements à cette occasion en particulier, mais elle en avait tous les jours; toutes les fois qu'elle mangeait, elle vomissait. »

Les premiers experts font connaître le résultat de l'analyse des boissons recueillies au Glandier, à l'époque des premières perquisitions.

M. Dubois fait un rapport verbal sur le résultat des opérations:

« La tasse où était le lait de poule contient une quantité considérable d'acide arsénieux jeté là à profusion. Dans ce qui reste au fond du vase, il y a de quoi empoisonner au moins dix personnes. (Mouvement.)

« Les deux cruchons de bière saisis ne contiennent pas d'arsenic.

« L'eau gommée contient de l'arsenic en très-petite quantité.

« L'eau panée en contient également, mais peu.

« L'eau sucrée ne renferme pas d'arsenic.

« Le paquet de poudre, recueilli par M. Lespinasse, médecin, est de l'arsenic pur. La poudre blanche, remise par M. Fleignac, est de la gomme mêlée avec de l'arsenic en petite quantité. (Sensation.)

« Un paquet trouvé dans le jardin, où il avait été enterré, ne contient que du bicarbonate de soude. »

M. Dubois fait passer successivement sous les yeux de la Cour et du jury les taches métalliques qui miroitent sur la porcelaine et les tubes où l'arsenic a été recueilli. On regarde ces objets avec empressement.

« M. LE PRÉSIDENT. — Sur toutes ces expériences, j'adresserai une seule question à l'accusée: Il vient d'être découvert de l'arsenic, mêlé à de la gomme, dans la poudre blanche prise par mademoiselle Emma Poultier dans votre tablier; comment pouvez-vous expliquer ce fait?

« MADAME LAFARGE. — J'avais de la gomme dans cette petite boîte; j'en ai toujours pris, je m'en suis toujours servie, et je ne puis comprendre comment il s'y trouve de l'arsenic. Cela m'étonne beaucoup, et, comme j'en prenais tous les jours, je devrais être empoisonnée.

« M. LE PRÉSIDENT. — Doutez-vous de l'opération?

« R. J'ai la plus grande confiance en M. Dubois.

« D. Vous en serviez-vous, dans les derniers jours, au Glandier?

« R. Les derniers jours, j'en ai pris comme à l'ordinaire. »

Audience du 12. — La séance n'est ouverte qu'à une heure et demie, les médecins de l'accusée s'étant opposés à ce qu'elle quittât sa chambre dès le matin.

On commence après un léger débat par remettre aux experts, pour analyser la poudre qu'elle contient, la boîte déposée par mademoiselle Poultier.

M. DUPUYTREN, l'un des experts, est introduit.

« Nous vous apportons, dit-il, la boîte que vous nous avez chargés d'examiner. Nous avons fait dissoudre une partie de cette poudre dans l'eau bouillante; lorque la gomme qu'elle contient a été dissoute, nous avons aperçu au fond du vase une poudre blanche qui ne s'agglomérait pas et qui demeurait insoluble.

« La solution a été introduite dans l'appareil de Marsh, et nous avons obtenu de nombreuses incrustations métalliques arsenicales, que nous avons recueillies sur une capsule de porcelaine que nous remettons à la justice. »

Un débat très-grave s'élève entre la défense et le ministère public au sujet de la confusion qui a été faite des diverses boîtes ou papiers renfermant des poudres blanches. Il y avait de l'arsenic au Glandier, et beaucoup; mais c'était pour détruire les rats qui incommodaient les habitants de la maison. Il y avait aussi de la gomme et du bicarbonate de soude. Les déclarations nouvelles des experts sur la nature des substances recueillies ne prouvent, selon Me Paillet, qu'une chose: c'est que madame Lafarge a pu confondre elle-même ces diverses poudres, et elle en a été la première victime, puisqu'elle a eu des vomissements. Madame Lafarge a été empoisonnée comme M. Lafarge. Ce n'est donc pas elle qui a versé le poison. Où donc est la main coupable?

M. L'AVOCAT-GÉNÉRAL répond: « La défense revient sur les soupçons monstrueux qu'elle avait déjà lancés. Qu'elle articule donc les faits; qu'elle accuse, si elle doit accuser. Désormais il est acquis que la substitution de la boîte n'a pas eu lieu. Cela prouve seulement que Marie Cappelle opérait avec une audace incroyable. Son imprévoyance est un signe que la Providence attache souvent aux grands crimes. Qu'on n'insiste pas plus longtemps. Ce n'est pas d'un fait isolé que peut jaillir la vérité; c'est de l'ensemble des faits que l'accusation a réunis en faisceau puissant et que tous vos efforts ne pourront briser. »

Me Paillet présente sous une forme nouvelle les moyens qu'il avait déjà développés, et termine en ces termes:

« Le ministère public nous dit de formuler une accusation. Madame Lafarge a répondu déjà pour nous. Mon confrère, Me Bac, vous rappelait hier cette noble réponse qu'elle a trouvée dans son cœur: « Je ne veux accuser personne; l'accusation fait trop de mal! » Non, notre mission n'est pas d'accuser, nous n'avons qu'à nous défendre. Nous exposerons les faits, nous tâcherons de les éclaircir; nous ferons ressortir les mystères étranges qui nous apparaissent dans les obscurités de ce débat. La conscience du jury fera le reste. »

On continue l'audition des témoins.

Audience du 13. — L'audience est ouverte à une heure et demie. L'affluence est considérable. La curiosité publique, tenue en suspens depuis quelques jours, s'est ranimée tout-à-coup à la nouvelle de l'arrivée, de Paris, des experts-chimistes.

MM. Orfila, Olivier (d'Angers) et de Bussy (ces deux derniers assignés en remplacement de MM. Devergie et Chevalier, absents de Paris) sont présents à l'ouverture des débats.

Après un long débat entre M. l'avocat-général et Me Paillet sur la position des questions à soumettre aux experts, la Cour ordonne que MM. les chimistes de Paris, en présence des chimistes déjà consultés, opéreront tout à la fois, et sur les matières déjà expérimentées, et sur celles qui ont été conservées intactes.

« M. LE PRÉSIDENT: La Cour va entendre les témoins à décharge. »

Au moment où le premier témoin se présente, une odeur cadavérique pénètre dans la salle et annonce le commencement des opérations auxquelles se livrent les nouveaux experts. Un mouvement général manifeste que l'odeur s'est répandue dans toutes les parties de la salle. Les membres de la Cour se regardent avec inquiétude et semblent se demander s'il ne serait pas convenable de lever la séance.

Les dépositions des premiers témoins à décharge ne présentent aucun fait concluant ni même significatif.

Audience du 14. — La foule est plus nombreuse et plus agitée que jamais. On attend avec anxiété le résultat de l'examen des experts, qui ont travaillé pendant une partie de la nuit et repris leurs opérations au point du jour.

On reprend l'audition des témoins.

« CINQUANTE-DEUXIÈME TÉMOIN: M. Antoine Roch. J'avais des affaires d'intérêt à régler avec M. Lafarge; je le trouvais beaucoup trop mal pour parler affaire. Le 13 je revins, et madame Lafarge s'engagea pour tous les effets que devait son mari. Je revins le 15, parce que madame Lafarge n'avait pu s'engager valablement. Madame Lafarge, alors maîtresse de ses actions, me donna complète satisfaction : elle répondit de tous les billets de son mari. Elle me dit que, les billets étant faux, elle ne voulait pas que la mémoire de son mari fût souillée; que vivant, il avait été connu pour un honnête homme, et qu'elle ne consentirait pas à ce que son nom fût déshonoré après sa mort.

« M. LE PRÉSIDENT : A combien montait l'engagement?

« R. Il n'y avait pas de somme stipulée; on ne connaissait pas le montant des faux. Elle donna le 13 et ratifia le 15, sans aucune hésitation, une convention ainsi conçue : « Je m'engage pour le montant de tous les billets souscrits par mon mari. »

« D. Savez-vous à combien s'élève le montant de ces billets?

« R. A 30,000 fr.

« D. Madame Lafarge savait-elle quel était le montant de ces divers effets ?

« R. Oui, monsieur, elle savait que ces effets s'élevaient à cette somme de 30,000 fr.

« M. LE PRÉSIDENT : Les billets étaient signés Lafarge?

« R. Oui, monsieur, et du nom de Barbier.

« D. Barbier, c'est Denis? — R. Oui, monsieur.

« M. L'AVOCAT-GÉNÉRAL : Ce qui avait déterminé votre confiance, c'était la signature de M. Lafarge?

« R. Oui, monsieur, parce que je croyais M. Lafarge solvable et ensuite honnête homme, et que je ne croyais pas qu'il fût capable de donner des effets signés de noms en l'air. Ceux que j'ai avaient été signés par Barbier et fabriqués au Glandier.

« M. L'AVOCAT-GÉNÉRAL : Vous aviez la contrainte par corps contre Barbier.

« M. ROCH : Cela ne m'avançait pas à grand'chose.

« M. L'AVOCAT-GÉNÉRAL : MM. les jurés apprécieront la déclaration du témoin et le sacrifice de 30,000 francs que faisait madame Lafarge, nantie d'un testament qui lui attribuait toute la succession de son mari.

« Me PAILLET : Une espérance de testament qui lui donnait l'espoir de recueillir une succession insolvable! Et pourtant madame Lafarge n'a pas balancé un seul instant.

« M. ROCH : Oh mon Dieu! pas un seul instant; elle a beaucoup pleuré seulement, mais elle a été au-devant de ma demande.

« M. L'AVOCAT-GÉNÉRAL : Madame Lafarge a pleuré, dit-on, beaucoup; d'autres témoins ont dit qu'elle était impassible et ne pleurait pas : cela ferait compensation. »

Audience du 14. — « M. ORFILA. — Nous venons rendre compte à la Cour des travaux auxquels nous nous sommes livrés.

« Toutes nos expériences ont été faites avec les réactifs dont s'étaient servis MM. les experts qui avaient déjà opéré dans l'espèce, à l'exception toutefois d'une certaine quantité de nitrate de potasse que nous avons apportée de Paris, et dont ces messieurs n'avaient pas cru devoir se servir. Ces expériences ont été faites en présence de huit membres au moins de la commission. Ces messieurs ne se sont éloignés du laboratoire qu'à de rares intervalles, et lorsque nous-mêmes nous nous en sommes absentés. Constamment aussi la pièce dans laquelle nous avions renfermé tous nos instruments a été close, ainsi que les fenêtres. Toutes les issues ont été constamment aussi gardées par des factionnaires.

« J'ai cru devoir indiquer toutes ces précautions; j'arrive maintenant au résultat de l'expertise. (Mouvement d'attention.) Je vais diviser ce que j'ai à dire en quatre parties.

« 1° Je démontrerai qu'il existe de l'arsenic dans le corps de Lafarge. (Mouvement général.)

« 2° Que cet arsenic ne provient pas des réactifs avec lesquels nous avons opéré, ni de la terre qui entourait le cercueil.

« 3° Je démontrerai que l'arsenic, retiré par nous, ne vient pas de cette portion arsenicale qui existe naturellement dans le corps de l'homme.

« 4° Enfin je ferai voir qu'il n'est pas impossible d'expliquer la diversité des résultats et des opinions dans les expertises qui ont été antérieurement faites, comparées avec la nôtre. »

M. Orfila entre ensuite dans la discussion des quatre points ci-dessus énoncés. Nous ne le suivrons pas dans ses développements techniques. Quand il termine sa lecture, une agitation sourde règne dans la salle des audiences. Les conclusions des nouveaux experts ruinent les espérances conçues par les amis de l'accusée, à l'audition du rapport de MM. Dubois et Dupuytren.

L'audience est levée à six heures et un quart.

L'assemblée se retire en silence. Cette nouvelle et fatale péripétie de ce grand drame judiciaire semble avoir frappé de stupeur tous les assistants; pas une parole ne se fait entendre. La figure pâle de l'accusée ne montre aucune émotion extérieure.

Audience du 15. — L'état de santé de la prévenue ne lui permet pas de comparaître. Trois experts sont nommés pour aller constater judiciairement cette impossibilité.

Au bout de cinq minutes, les trois médecins rentrent en séance et font connaître le résultat de l'examen auquel ils viennent de se livrer : « Nous avons examiné, disent-ils, l'état de madame Lafarge : elle nous a paru extrêmement souffrante. Elle avait la figure bouleversée, et était agitée de spasmes nerveux tels, qu'il nous a paru qu'il lui était impossible de pouvoir assister à la séance d'aujourd'hui; demain elle sera sans doute plus calme. »

L'audience est levée.

Audience du 16. — Même impossibilité fondée sur l'état de madame Lafarge.

Audience du 17. — Jamais, depuis le commencement de ces débats, on n'a vu autant de dames se presser dans la tribune et dans l'enceinte; parmi les curieux, on remarque un grand nombre d'ecclésiastiques, le concierge du palais et le gardien de la geôle portent madame Lafarge dans une bergère; elle est privée de tout mouvement; sa physionomie dénote les souffrances qu'elle endure. Ce spectacle émeut vivement l'auditoire.

Les seconds experts déposent la minute de leur rapport.

« Me PAILLET : A quel poids, si poids il y a, les experts évaluent-ils la quantité trouvée?

« M. ORFILA : L'arsenic est en si petite proportion qu'il serait difficile de le peser; mais je ne crois pas que l'on puisse en évaluer la quantité au-delà d'un demi-milligramme.

« M. L'AVOCAT-GÉNÉRAL : Quelle qu'en soit la quantité, cela n'altère en rien votre opinion, que l'arsenic a été ingéré dans le corps?

« R. — Non, monsieur.

« D. — Il est important de rappeler les conditions dans lesquelles s'est trouvé M. Lafarge. Il a commencé à être malade à Paris; de retour au Glandier, depuis le 3 jusqu'au 14 janvier, cet homme a éprouvé des vomissements considérables, il a bu d'énormes quantités de liquides : n'est-il pas naturel de penser que, quelle que soit la quantité d'arsenic par lui prise, tout l'arsenic ingéré n'ait pu être retrouvé après l'exhumation?

« M. ORFILA : Voici les faits reconnus par la science : lorsqu'un empoisonnement a eu lieu par l'acide arsénieux, une portion reste dans l'estomac; l'autre est absorbée, et va dans le foie, la rate, les reins, le cerveau, etc. La première partie qui reste dans l'estomac peut être retrouvée longtemps après en atomes même; mais, si beaucoup de liquides ont été donnés, elle peut-être vomie. Quant à la seconde partie, celle qui franchit l'estomac, elle peut s'échapper par l'urine, la sueur ou la bile.

L'avocat-général, à qui le président donne la parole, résume alors les faits articulés et les apprécie :

« Non, Messieurs les jurés, dit-il, vous ne voudrez pas, j'en suis convaincu, j'en ai pour garant votre attitude dans ces débats, vous ne voudrez pas qu'on dise que la balance de la justice a faibli dans vos mains.

« Arrivons bien vite à cette accusation, qui repose sur une base inébranlable : que s'est-il passé? quel est le crime? Est-ce un crime politique, un de ces crimes pour lesquels on conçoit que les passions se déchaînent dans les Cours d'assises? Non, c'est un empoisonnement, c'est le plus lâche, le plus vil des crimes, un empoisonnement commis avec perfidie par cette femme sur un homme qui l'avait enveloppée de la tendresse de son cœur, qui l'aimait de toutes les forces de son âme, qui avait juré de la protéger, qui l'aimait et veillait sur elle comme on veille sur un enfant chéri!... Oh! messieurs, si l'accusation est démontrée, il n'y a pas de peine assez sévère... Est-elle prouvée cette accusation? Y a-t-il quelque défense possible? je ne le crois pas... Un instant sa base a paru chanceler alors que des vérifications impuissantes avaient amené le doute; nous-mêmes, nous avons douté un moment. Ce moment est passé. »

M. l'avocat-général rappelle par quelles séries de faits cette vérité d'abord établie, puis ramenée à l'état de doute, est devenue définitivement plus éclatante que le jour par suite de la dernière expertise; aujourd'hui la science a dit son dernier mot, et ce mot a été un arrêt, et ce mot a été une condamnation.

« Il y a empoisonnement; où donc est l'empoisonneur?

« Irez-vous dire, Marie Cappelle, que c'est la mère de Lafarge qui a versé le poison? Ah! si jamais une pareille pensée pouvait être la vôtre, craignez l'indignation du jury; prenez garde que ce nouveau crime ne pousse le jury à des sévérités qui ne sont peut-être pas dans son cœur. Il y a eu empoisonnement, et l'empoisonneuse est ici, sur ce banc, devant nous! Oui, Marie Cappelle, c'est vous qui avez empoisonné votre mari, qui, quinze jours, l'avez nourri de poison; c'est vous qui avez acheté le poison, beaucoup de poison. Si vous n'êtes pas coupable, il ne suffit pas de nous dire que vous avez la conviction de votre innocence; montreznous celui qui a substitué le gâteau empoisonné aux gâteaux intacts qu'on vous a apportés; montrez-nous l'emploi fait de ces énormes quantités d'arsenic achetées par vous. »

M. l'avocat-général rappelle ici les témoignages relatifs directement à l'empoisonnement, la déposition de mademoiselle Brun, déposition positive. « Elle a vu Marie Cappelle prendre la poudre blanche dans le buvard, enveloppée dans le même papier bleu dans lequel Denis, la veille, avait apporté l'arsenic; elle a vu Marie Cappelle prendre ce paquet, le vider dans le lait de poule, le mêler avec le doigt, et, lorsque madame Lafarge mère arrive, le cacher furtivement sur la table de nuit. »

M. l'avocat-général rappelle les dépositions de Parant, à Paris, qui a vu le gâteau, et toutes les preuves, enfin, desquelles il résulte que ce gâteau n'avait pas été mis au Glandier, en présence de témoins, dans la boîte portée à Uzerches. « Qui donc a substitué le gâteau empoisonné aux petits gâteaux?

« Si ces preuves ne suffisent pas, transportez-vous au Glandier: voyez comme cette femme s'épouvante; elle veut partir pour Paris; elle craint de recevoir une lettre cachetée de noir. Elle demande combien de temps les veuves portent le deuil dans ce pays; elle éprouve toutes ces frayeurs pour l'annonce d'une migraine! Ce sont là des faits matériels; l'argumentation n'a pas besoin de les faire valoir. L'arsenic a été acheté le 10, et le gâteau envoyé à Paris le 15; la mort aux rats faite au Glandier ne contient pas d'arsenic: voilà les preuves de l'empoisonnement. Nous avons une telle confiance dans la puissance de ce fait, que, le corps du délit nous eût-il manqué, nous serions resté ferme, appuyé sur ce fait, pour demander qu'on vous posât une question subsidiaire de tentative d'empoisonnement.

« J'aurais pu, dit en terminant M. l'avocat-général, faire appel à de bien justes émotions; j'ai préféré m'adresser à votre raison; je finirai comme j'ai commencé. L'accusation, comme elle s'est présentée à moi, n'était pas seulement une question de criminalité, c'était une question d'égalité devant la loi. Voulez-vous qu'elle soit égale pour tous, la justice? Voulez-vous qu'on ait partout cette conviction que la justice est un niveau qui pèse également sur toutes les têtes, ou voulez-vous qu'on dise que le jury s'est montré faible et lâche contre une femme comme celle-ci, et se relève fort et courageux quand il s'agit d'anéantir un faible? C'est à vous de choisir. Mais, je le déclare, je ne veux, ni pour vous, ni pour moi, d'une semblable solidarité. Nous ne pouvons en avoir ensemble une que pour la justice et l'honneur: c'est la seule que j'accepte; c'est la seule, je n'en doute pas, que vous accepterez aussi. »

Séance du soir le même jour (17 septembre.) — La foule s'est accrue encore et entassée davantage, s'il est possible, dans la prévision que Mᵉ Paillet, défenseur de l'accusée, va être entendu.

Il l'est en effet, aussitôt l'arrivée de madame Lafarge, apportée dans son fauteuil. La vue de cette femme brisée par la fatigue et par la douleur cause une sensation prolongée.

M. le président donne la parole à Mᵉ Paillet, qui commence au milieu d'un profond silence:

« Après huit mois de captivité, de douleurs et de résignation, madame Lafarge peut enfin faire entendre devant ses juges une voix amie, et le premier reproche qu'elle rencontre dans cette enceinte est de se présenter à vous protégée par des influences étrangères qu'on n'a pas même signalées. Étranges préoccupations du ministère public! étranges démentis donnés à l'évidence et à la notoriété des faits! Qui ne le sait, au contraire? Tandis que madame Lafarge gémissait dans le silence, quelle activité déployée contre elle au dehors! que de mauvaises passions soulevées contre elle! que de faits mensongers, calomnieux, romanesques, parcourant la France d'un bout à l'autre avec la rapidité de l'éclair, accueillis, commentés par la légèreté ou la malveillance! Que d'outrages prodigués à une femme captive, souffrante, qui ne pouvait se défendre! Hélas! messieurs, pourquoi faut-il que la justice elle-même, dont les formes graves et nobles sont tout à la fois notre sécurité et notre admiration, se soit écartée dans cette occurrence de ses traditions constantes, comme pour donner à la prévention un aliment nouveau! Vous parlerai-je de ces communications précoces et indiscrètes, de ces pièces les plus hostiles du procès livrées à qui les a voulues, de cet acte d'accusation à édition double, inondant la France et l'Europe, mais inconnu d'une seule personne, de l'accusée elle-même. (Mouvement d'adhésion.)

« Vous parlez d'influences!... C'est moi qui vous les reproche, les dénonce à tous les esprits justes et impartiaux. Voilà pourtant, MM. les jurés, comment on est parvenu à composer cette prévention qui vous enveloppe, qui vous poursuit jusque dans cette enceinte.

« La prévention, l'ennemie la plus dangereuse de la justice et de la vérité! la prévention, que l'un de nos plus grands magistrats, procureur-général aussi, d'Aguesseau, appelait l'erreur de la vertu, et, si nous osons le dire, *le crime des gens de bien*. Puis il ajoutait, écoutez: « Être exempt de toute acception de personnes c'est une vertu plus rare qu'on ne le pense; mais ce n'est pas encore assez pour le magistrat. »

Mᵉ Paillet dit: « Ceux qu'il appelait magistrats alors ce sont les jurés d'aujourd'hui. » L'avocat poursuit la citation:

« Les causes portent, même avec elles, leur prévention; nous en sommes frappés, selon que le premier coup d'œil leur est contraire ou favorable, et souvent nous en jugeons, comme des personnes, par la seule physionomie.

« Qui croirait que cette première impression pût décider quelquefois de la vie et de la mort, et pouvons-nous assez déplorer ici les tristes et funestes effets de la prévention, d'un amas fatal de circonstances qu'on dirait que la fortune a rassemblées pour faire périr un malheureux? Une foule de témoins muets, et par là plus redoutables, semblent déposer contre l'innocence. Le juge se prévient, son indignation s'allume et son zèle le séduit. Moins juge qu'accusateur, il ne voit plus que ce qui sert à condamner, et il sacrifie aux raisonnements de l'homme celui qu'il aurait sauvé s'il n'avait admis que les preuves de la loi. Un événement imprévu fait quelquefois éclater dans la suite l'innocence accablée sous le poids des conjectures, et dément ces indices trompeurs dont la fausse lumière avait ébloui l'esprit du magistrat. La vérité sort du nuage de la vraisemblance, mais elle ne sort que trop tard: le sang de l'innocence demande vengeance contre la prévention de son juge, et le magistrat est réduit à pleurer toute sa vie un malheur que son repentir ne peut plus réparer. »

Mᵉ Paillet continue ainsi: « Vous entendez, Messieurs: un amas fatal de circonstances qu'on dirait que la fortune a rassemblées pour faire périr un malheureux! D'Aguesseau avait-il donc deviné le procès Lafarge? Du moins il signale à vos consciences l'écueil que désormais vous saurez éviter.

« Et maintenant, avant d'entrer dans la cause j'ai besoin de m'expliquer devant vous, messieurs les jurés, j'ai besoin d'une longue attention. Quelques paroles suffisent pour accuser, et souvent beaucoup de paroles suffisent à peine pour défendre.

« Voyons quelle était la position de Marie Capelle et celle de Lafarge avant le mariage.

« Je commencerai par la lecture d'une lettre de M. le marquis de Mornay, gendre du maréchal Soult, ami de son père; voici cette lettre :

« Je n'avais qu'une appréciation morale à faire de la vie de mademoiselle Cappelle, étant lié depuis longues années avec toute sa famille; à cet égard je n'hésiterai pas à proclamer aujourd'hui plus que jamais les droits qu'elle s'était acquis à l'estime publique et à l'affection de tout ce qui l'entourait, tant par son dévoûment et sa tendresse pour les siens, que par les sentiments d'humanité et de générosité dont elle a donné plus d'une preuve. Tant de nobles qualités montrées jusqu'à ce moment, seront, pour des hommes impartiaux, une garantie contre les horribles soupçons qui s'élèvent aujourd'hui; pour mon compte, je les repousse jusqu'à ce que l'évidence me soit apportée.

« Recevez, etc.

« Le marquis de MORNAY, député de l'Oise.

« Beauvais, le 26 août 1840. »

« Madame la vicomtesse de Montesquiou, l'une des personnes les plus recommandables du département de l'Aisne, par sa position, son caractère et ses vertus, nous écrit à son tour :

« Long-Pont, ce 6 août 1840.

« Je viens, monsieur, répondre au désir que vous me témoignez d'avoir quelques détails sur les moments où j'ai connu mademoiselle Cappelle et sur mes rapports avec elle. Il y a plus de trente ans que M. de Montesquiou est en relations de voisinage et d'amitié avec sa famille; depuis plus de vingt ans que j'habite ce pays, les mêmes liens se sont établis entre moi et les siens, et sans m'étendre ici sur eux tous, je dirai seulement que la mère de mademoiselle Cappelle étant plus habituellement chez son père, M. Collard, mes relations d'intimité ont été plus particulières avec elle. De là, mon intérêt et mon affection pour sa fille, que j'ai pu observer de bonne heure, et chez laquelle j'ai constamment reconnu des sentiments de douceur, d'extrême bonté pour tous ceux qui avaient recours à elle. Sa mère lui avait appris dès son enfance à se faire aimer de ce qui l'entourait, à soigner les pauvres dans leurs maladies, à les aider dans leurs besoins avec une charité sans ostentation qu'on lui a toujours vu exercer depuis. J'avoue que toutes ces bonnes et nobles qualités ont fait encore plus d'impression sur moi que l'agrément de son esprit, et le témoignage que je leur rends aujourd'hui ne sera certainement démenti par aucun habitant de ce pays, où elle a reçu mille preuves d'un attachement tout personnel

« A la mort de son grand-père, vers la fin de 1828, la santé de Marie Cappelle, déjà mauvaise, s'étant altérée de plus en plus, je l'ai demandée à sa famille, dans l'espoir que nos soins et notre amitié pourraient adoucir l'amertume de si justes regrets; elle a été avec nous près d'un mois, traitée en enfant de la maison; vous comprendrez que je ne parle de cette circonstance que pour mieux indiquer encore la nature des sentiments qu'elle nous inspirait. L'hiver suivant, et tout le temps qui s'est écoulé jusqu'à son mariage, nos relations sont restées ce qu'elles étaient précédemment; depuis cette époque nous ne nous sommes pas revues. J'ai seulement reçu deux lettres de madame Lafarge dans lesquelles, aussi bien que dans tout autre échange de procédés que nous avons eu ensemble, je puis affirmer que je n'ai rien trouvé qui ne fût propre à justifier mon affection pour elle.

« Recevez, monsieur, l'assurance de mes sentiments de considération distinguée.

« MORNAY, vicomtesse de MONTESQUIOU. »

« Voilà ce qu'était Marie Cappelle lorsque Lafarge demanda sa main.

« Lafarge, veuf d'une première femme, se présentait riche alors des attestations les plus favorables sur sa moralité et sa fortune. Il produisait un état tout entier de sa main, où son revenu net variait de 30 à 40,000 francs par année; puis un plan qui faisait du Glandier une sorte de château digne de captiver les regards de la jeune épouse et de sa famille. Ces pièces ont fait partie de l'instruction. Je ne sais comment elles se sont égarées, et leur existence ne sera pas démentie.

« Vient le contrat de mariage : Lafarge y fixe à 80 mille francs ses apports mobiliers; puis il donne la description magnifique du Glandier, de ses forges et de ses propriétés accessoires. Etait-ce là une position réelle? Non : les débats vous l'ont montré dès-lors réduit aux plus déplorables expédients: lettres fausses, billets de complaisance. »

Me Paillet continue à montrer Lafarge sous des couleurs fâcheuses et à poser Marie Cappelle en victime d'autant mieux résignée, qu'elle aime tendrement son mari.

Selon Me Paillet la lettre écrite par Marie Cappelle, le soir de son arrivé au Glandier, pour lui interdire l'accès du lit conjugal (lettre dont la teneur a empêché la lecture à l'audience), n'est qu'un acte de délire, l'explosion du désappointement le plus cruel à l'aspect de cette alcôve sombre et glacée qui sera la tombe de sa virginité, en regard des félicités d'une autre sorte qu'elle avait rêvées, qu'elle aurait pu rencontrer ailleurs. La scène violente d'Orléans n'avait pas dû, au reste, donner une idée bien avantageuse des procédés de Lafarge dans la vie intime.

Me Paillet continue à puiser dans la correspondance même de l'accusée mille présomptions favorables à son caractère et à sa moralité; après avoir épuisé les arguments de cette nature, il arrive à l'appréciation des faits relatifs à l'empoisonnement :

« Lafarge est à Paris : c'est là que s'accomplit le premier acte de ce drame lugubre; suivant le ministère public, il s'agit de gâteaux empoisonnés. Précisons les faits, rapprochons les dates : le 14 décembre on propose au Glandier de faire des gâteaux que l'on mangera dans une réunion de famille; il faut que l'absent en ait sa part. L'idée d'un repas sympathique naît dans l'esprit de madame Lafarge. A Paris et au Glandier les gâteaux seront mangés le même jour, à la même heure.

« Les gâteaux sont faits le 14 par madame Lafarge la mère, emballés par la bru, et le soir même portés à Uzerches par un domestique de la maison. La caisse n'arrive à Paris que le 18 décembre, vingt-quatre heures après l'époque fixée pour le repas sympathique. A cette heure, suivant l'accusation, après avoir mangé le gâteau ou les gâteaux, Lafarge a éprouvé une indisposition grave, des coliques, des vomissements. Que prétend l'accusation? qu'il y a eu là un gâteau empoisonné substitué à des gâteaux innocents, qu'il y a eu empoisonnement par correspondance. Cela est-il vrai?...

« Dans ma conviction l'histoire des gâteaux est une fable, une fable absurde.....

« C'est le 12 que l'achat a eu lieu. Le gâteau n'a pu être fait au dehors; c'est au Glandier, entre le 12 et le 14, qu'il a été fabriqué. Vous avez interrogé des témoins; vous vous êtes livrés à toutes les investigations que vous permet votre pouvoir discrétionnaire; avez-vous jamais trouvé quelque chose qui ait pu vous mettre sur la trace du gâteau, un soupçon quelconque d'une pâtisserie faite au Glandier? Vous avez entendu les domestiques de la maison : la cuisinière, elle était là dans son élément. Vous a-t-elle dit qu'elle seule et madame Lafarge faisaient des gâteaux au Glandier, que jamais l'accusée n'en a fait; qu'elle a pu donner des idées, importer dans le Limousin les habitudes et les mets de son pays, mais que jamais elle n'a mis elle-même la main à la pâte? La substitution n'a pas pu avoir lieu, n'a pas eu lieu au Glandier.

« A-t-elle eu lieu ailleurs? La caisse a été hors du Glandier pendant quatre jours avant d'être remise aux mains de Lafarge. La substitution des gâteaux, c'est une pensée criminelle! Je ne veux accuser personne, avoir sur personne le moindre soupçon; mais n'est-il pas des circonstances qui pourraient nous faire croire à des substitutions postérieures au départ du Glandier? Au départ la caisse ferme avec de petits crochets; à l'arrivée, ce sont des clous qui la ferment à tel point que Parant, le garçon de l'hôtel de l'Univers, a déclaré avoir été obligé de soulever le couvercle avec un ciseau.......... »

Me Paillet développe ici cet argument, que madame Lafarge n'a pas pu recourir d'ailleurs à un moyen aussi ridicule et aussi maladroit qu'une grosse galette assaisonnée de mort-aux-rats, pour se défaire de son mari. Les débris de cette pâtisserie indigeste tombaient sous la main de la Faculté et de la justice, dès que Lafarge, incommodé pour y avoir goûté, faisait appeler un docteur auprès de lui.

Enfin (selon le défenseur), dans la pensée de madame Lafarge, madame Buffières sa belle-sœur, qu'elle priait Lafarge de convier à partager le gâteau, pouvait être, devait être à Paris le 18 décembre; par conséquent, Marie Lafarge aurait gratuitement voulu empoisonner la sœur de son mari, ce qui n'a pas de sens.

Quant au brevet, il n'a été délivré réellement qu'après le 20, à Paris; et l'on ne pouvait savoir, le 14, au Glandier, qu'une chose : c'est qu'il n'était pas délivré. Si donc la limite de l'existence de Lafarge était l'obtention du brevet, madame

Lafarge se serait beaucoup trop pressée. C'est ce qui fait dire au défenseur :

« Ou cette femme a voulu tuer son mari, et avec lui le brevet, ou votre gâteau empoisonné n'existe pas. »

Vu l'état de madame Lafarge et l'heure avancée, la Cour lève l'audience. On emporte l'accusée.

Audience du 18. — Longtemps avant l'arrivée de la Cour toutes les places disponibles sont occupées. L'intérêt croît à mesure que le dénouement approche. Me Paillet continue sa plaidoirie. Il demande si Lafarge est mort d'un empoisonnement ou d'une gastro-entérite, dont les symptômes sont déclarés par la science analogues à ceux de l'empoisonnement arsenical. Il plaide que l'empoisonnement n'est pas probable, vu l'insignifiance des quantités d'arsenic trouvées dans le corps du défunt.

Il récuse le témoignage de madame Lafarge mère, lequel, selon lui, n'est pas valide, à cause des liens trop étroits de parenté qui l'unissent au défunt. Il nie la valeur de la déposition, selon lui ostensiblement malveillante ou peu digne de foi, de mademoiselle Brun, du sieur Denis Barbier, l'homme aux billets de complaisance, et dont la complaisance, à ce qu'il semble, n'a pas de bornes.

Enfin pour ce qui concerne les petites boites et les petits sachets de poudre plus ou moins vénéneuse et tout cet arsenal de pièces à conviction qui ont traîné plusieurs jours de suite sur les routes sans que les scellés y fussent apposés, — il en fait bon marché et invoque des confections inconscientes du danger et faites par l'accusée elle-même, buvant de l'arsenic étendu d'eau en croyant boire de l'eau gommée, et s'empoisonnant elle-même de la sorte. Certains petits pots ressemblent beaucoup, pour Me Paillet, à ce gâteau problématique arrivé à Paris sans être parti du Glandier, etc., etc.

Le défenseur discute aussi la forme et le fonds des deux testaments, qui doivent selon lui disparaître du procès, à cause de leur peu de signification en présence des embarras financiers de Lafarge.

« Quant à l'accusée, dit-il en terminant, vous l'avez toujours vue calme, répondant à toutes les questions sans embarras, avec une précision qui a avant tout le caractère de l'innocence et de la vérité. Toujours elle a été la même dans l'instruction et à ces débats. On lui a laissé huit jours sa liberté, on lui a conseillé de fuir ; elle n'a répondu que par un refus plein d'indignation.....

« Courage pourtant, courage, pauvre Marie ! j'ai espoir que la Providence, qui vous a si miraculeusement soutenue dans ces longues épreuves, ne vous abandonnera pas désormais. Non, vous vivrez pour votre famille, qui vous aime tant, pour ses amis nombreux ; vous vivrez pour vos juges eux-mêmes ; vous vivrez comme un témoignage glorieux pour la justice humaine, quand elle est confiée à des mains pures, à des esprits éclairés, à des âmes sensibles et compatissantes ! » (Vive sensation.)

Au sortir de l'audience, madame Lafarge, rentrée dans sa chambre, écrit à Me Paillet d'une main tremblante le billet suivant :

« Mon noble sauveur, je vous envoie ce que j'ai de plus précieux au monde, la croix d'honneur de mon père. »

L'audience, suspendue à onze heures trois-quarts, est reprise à deux heures, et remplie par la réplique de M. l'avocat-général ; après quoi Me Bac demande que l'audience soit renvoyée à demain pour sa réplique.

Audience du 19 *septembre*. — Elle est remplie par les répliques de MMes Bac et Coralli.

Me Bac qui s'était d'abord retiré du ban de la défense, ainsi que nous l'avons dit à l'origine des débats du procès de Tulle, se décide à y reparaître et expose ses moyens de défense tant sur la question d'empoisonnement que sur la question de vol des diamants :

« MM. les jurés apprécieront, dit-il, dans leur sagesse et leur conscience la position véritable de l'accusée.

« Les journaux les ont initiés, ont initié la France, l'Europe à une partie du mystère. Vous savez, Messieurs, qu'une intimité entière, profonde unissait Marie Cappelle à Marie de Nicolaï. Cette dernière s'était aperçue des assiduités d'un jeune homme qu'elle avait rencontré dans une église ; elle ignorait son nom ; elle avait seulement remarqué sa bonne tournure et son air distingué. Elle chargea Marie Cappelle de savoir le nom de ce jeune homme ; elle apprit qu'il s'appelait Clavé, qu'il était d'origine espagnole, qu'il avait cultivé les lettres avec succès. Ces deux jeunes filles, dans leur inconséquence, imaginèrent d'écrire un billet à M. Clavé, et l'un des témoins de l'affaire de Brives, M. Lapeyrière, nous en a fait connaître le contenu ; le voici :

« Pour la santé, une promenade aux Champs-Elysées ; pour le salut, une station à Saint-Philippe. »

M. Clavé eut la fatuité de prendre cela pour un rendez-vous. Il se rendit aux Champs-Elysées, et le hasard voulut qu'il y rencontrât les deux demoiselles Cappelle et de Nicolaï. Corroboré dans ses premiers soupçons, il écrit une lettre de remerciements à mademoiselle de Nicolaï : Marie Cappelle, effrayée de voir que M. Clavé avait pris au sérieux cette plaisanterie, lui écrit une lettre pour le détourner de ces idées, et mademoiselle de Nicolaï voulut bien écrire quelques lignes de sa main sur cette lettre d'explications.

« Je comprends bien, Messieurs, que devant les cours d'assises, que dans le langage d'un avocat-général, cela a tout le caractère d'un refus de rendez-vous ; mais dans le langage, dans les idées du monde, dans ses habitudes, il n'en est pas ainsi ; et quand une jeune personne écrit à un jeune homme de ne pas venir à un rendez-vous, elle paraît insister pour qu'il y vienne. Une correspondance s'établit, elle passait par les mains de Marie Cappelle ; c'était la seconde pour M. Clavé, qui protestait d'un amour sans bornes. »

Me Bac donne lecture de quelques lettres de Clavé et insiste en particulier sur celle où, empruntant le nom d'une femme, il écrit : « Je crains de passer pour une folle, une méchante, une inconséquente, si vous ne me rendez mon amie. »

« Toutes ces lettres, continue le défenseur, sont remplies de protestations d'amour, et écrites sans exception avec un respect qui ne se dément jamais ; mais avec des expressions pleines de tendresse, de reconnaissance, de regret, de désespoir et d'espérance.

« Mademoiselle de Nicolaï avait écrit les épanchements de son cœur à mademoiselle Marie Cappelle. Lorsque M. Clavé fut absent, l'existence de ses lettres entre les mains de son amie éveilla vivement la sollicitude de mademoiselle de Nicolaï. Voilà comment elle réclamait ces lettres, et vous allez voir si elle attachait quelque prix à ces lettres, que le ministère public dit insignifiantes. »

Ici Me Bac lit une lettre où mademoiselle de Nicolaï écrit à Marie Cappelle qu'elle serait inquiète et triste si elle pensait que l'une ou quelques-unes de ces lettres pussent s'égarer. Elle ajoute qu'elle l'a dit à mademoiselle Delvaux, son ange gardien ; mais qu'il ne faut pas parler de cela à personne autre ; qu'elle n'a jamais dit une syllabe de tout cela, soit à sa mère, soit à sa sœur.

« Il n'y a rien de bien grave là-dedans, poursuit Me Bac ; je ne sais comment on voit tout cela quand on est avocat-général ; mais quand on raisonne tout simplement en homme, cela peut paraître assez singulier dans une conduite de jeune fille.

« Telles étaient les relations de mademoiselle de Nicolaï avec M. Clavé. Ces relations avaient-elles été fort loin ? Le ministère public avait prêté à l'accusée une pensée qui n'a jamais été la sienne. Jamais, si on l'avait interrogée, madame Lafarge n'aurait dit que ces relations avaient été jusqu'au déshonneur. Cependant mademoiselle de Nicolaï avait-elle oublié M. Clavé, qui était parti pour Alger ? C'est, Messieurs, ce que vous allez voir.

« Quelque temps se passe, mademoiselle Capelle a quitté mademoiselle de Nicolaï. Celle-ci va un jour à l'Opéra, et il lui semble avoir revu M. Clavé.

« Mais ce n'était plus l'Espagnol à la chevelure noire et frisée, à l'œil vif ; ce n'était plus le poëte, l'homme du monde, instruit, élégant, bien élevé, c'était un comparse du grand Opéra. Mademoiselle de Nicolaï prend le programme, et avec un nouvel étonnement elle lit le nom de Clavé.

« Ce ne sont pas là des faits que j'arrange, Messieurs, je prends la déposition de madame de Léautaud, et je l'analyse.

« Oh! on conçoit alors que plus que jamais madame de Léautaud regrette sa correspondance avec un tel homme. Son orgueil de patricienne se révolte, vous le sentez, d'avoir échangé des regards d'amour avec un pauvre diable aux appointements de 1,500 fr. Toutefois, je l'avoue, il existe ici une différence dans les dates entre madame de Léautaud et nous. Madame Lafarge place ce fait à une époque très-rapprochée de nous, tandis que madame de Léautaud le place à une époque plus éloignée.

« Quoi qu'il en soit, il est bien certain qu'il y avait méprise ; le véritable Clavé était à Alger, alors que madame la comtesse de Léautaud avait cru le voir sur les planches. Que se passa-t-il? Madame de Léautaud comprit qu'elle avait été imprudente ; elle comprit qu'elle serait gravement compromise, et avec qui ?

« Je n'emploierai pas ici une expression à moi, j'en emploierai une qui fut probablement celle de madame la comtesse de Léautaud : avec un homme de rien, avec un pauvre comparse de l'Opéra.

M. Félix Clavé.

« Elle craignit qu'il ne fût capable d'abuser des lettres qu'il avait reçues, des relations qui étaient établies entre elle et cet homme, et que celui-ci ne voulût, par des indiscrétions, perdre le nom illustre qu'elle porte.

« Voici quelle est sa position, et vous comprenez quelles inquiétudes elle ressent, quelle besoin elle éprouve d'éteindre ce souvenir, d'effacer cette petite faute du passé. Et puis, à combien de dangers n'est-on pas exposé! La noble comtesse de Léautaud peut se trouver face à face avec le comparse; elle peut être exposée aux dangers, à l'affront d'une reconnaissance. Son inquiétude est des plus grandes. Au milieu de ces circonstances elle parle à Marie Cappelle de ses tourments, elle se préoccupe de la pensée d'acheter le silence de M. Clavé. Que fera-t-elle? Les femmes, quelle que soit leur opulence, n'ont pas toujours d'argent à elles.

« Mais elle a à sa disposition une vieille parure démontée qui ne sert plus, qu'on ne porte jamais ; il est facile d'en faire de l'argent; on peut la vendre à qui bon semblera.

« Voilà comment on raisonne, comment des femmes s'inquiètent et se créent des difficultés réelles pour échapper à des difficultés sans importance qui disparaîtraient après le moindre effort. Madame de Léautaud prend donc la résolution de vendre sa parure. (M. l'avocat-général sourit.)

« Vous souriez, M. l'avocat-général, ceci vous semble invraisemblable; mais, je vous en conjure, fouillez au fond du cœur des femmes, non des femmes de province, mais des femmes de Paris, de cette ville où tous les vices ont accès; demandez à leur histoire combien d'événements de cette nature s'accomplissent tous les jours. Ils ne se produisent assurément pas devant les Cours d'assises ou les tribunaux correctionnels. Ce sont là des faits d'intérieur, des faits du foyer privé qu'on cache le plus ordinairement. On a plus de prudence que n'en a eu M. de Léautaud; et si vous aviez ici M. Allard, ce chef habile de la police de sûreté, il vous dirait qu'il reçoit des confidences de cette nature, non pas une fois par an, une fois par mois, mais une fois par semaine. »

Me Bac rappelle la découverte de la disparition de la parure. On l'a laissée toute la journée d'un dimanche sur une cheminée. Le lendemain, il est vrai, on l'a montrée à une amie; depuis elle a disparu; puis une conversation est amenée quelque temps après par Marie Cappelle sur la différence du strass et du diamant. Madame de Léautaud a besoin de quelqu'un qui la soutienne dans son projet; seule elle n'aurait pas le courage de le mettre à exécution; mais Marie Cappelle est là, madame de Léautaud prend courage. L'écrin serait trop embarrassant à cacher.

« Les diamants sont démontés, placés dans un sachet, et la justice ne trouve rien. Lorsqu'elle vient faire une visite domiciliaire, madame de Léautaud reste dans la chambre de mademoiselle Cappelle, qui seule n'est pas visible, et qui protége son amie de sa présence.

« Que faire des diamants? les rendre immédiatement? Ce ne serait pas prudent, et on est encore à une époque voisine de la disparition; on pourrait faire naître des soupçons.

« Madame de Léautaud laisse les diamants entre les mains de mademoiselle Cappelle. Quelques mois s'écoulent, puis arrive une série d'événements si rapides que les diamants sont presque oubliés. Mademoiselle Cappelle se marie, elle devient madame Lafarge. Son mari va partir pour Paris. Il pourra se charger de vendre les diamants, de réaliser leur prix, et, pour qu'on ne se trompe pas sur leur valeur, elle écrit le nom et l'adresse de celui qui les a vendus, de Lecointe, marchand bijoutier à Paris.

« Concevez-vous cette précaution, Messieurs, avec le soupçon d'un vol? Elle a écrit sur cette boîte de diamants le nom de celui qui seul dans Paris les connaît. N'était-ce donc pas là le moyen certain de faire reconnaître le vol, si un vol a été commis? Quelque temps après elle écrivait à madame de Léautaud; elle lui demandait ses intentions. Madame de Léautand ne lui répond pas, et les diamants restent au Glandier.

« M. Lafarge meurt; une descente de justice a lieu, et les diamants viennent aux mains du juge d'instruction.

« Une instruction a lieu sur ces diamants, tout le monde les reconnaît; ce sont bien les diamants de madame de Léautaud. Ce sont les diamants qui ont disparu de Busagny, qui sont retrouvés au Glandier. Une grave accusation pesait déjà sur madame Lafarge.

« Voilà de nouvelles préventions qui viennent s'y joindre. Que faire? A quels sentiments obéir? Faudra-t-il que madame Lafarge se reconnaisse coupable d'un vol, accepte l'accusation ignoble qu'on vient porter contre elle? Faudra-t-il qu'elle ne paraisse devant ses juges qu'accablée de flétrissure pour y succomber? Oh! non, cela n'est pas possible!

« On peut m'accuser, s'est-elle écriée, d'égarement, de passions violentes, de délire, de brutalité; on peut dire que ces égarements m'ont poussée à l'empoisonnement de mon mari; mais je ne veux pas qu'on puisse supposer que je sois capable d'une action aussi basse, aussi ignoble. »

« Pauvre femme! l'imagination ne lui manque jamais, l'intelligence ne fait jamais défaut chez elle dans toutes les circonstances ordinaires de la vie; mais quand elle est aux prises avec le mensonge, voyez quelle maladresse! Elle imagine les plus absurdes explications. Ces diamants lui proviennent d'un oncle qui lui en a fait présent; on lui demande son adresse, elle ne la sait pas.

« On lui demande ses lettres, elle n'en a pas. On lui demande par quelle voie ces diamants lui sont arrivés : « Je l'ignore. » Elle ne peut expliquer comment elle les a reçus. Non, aucune explication ne vient à son aide. Il faut le reconnaître, en présence d'un système aussi absurde, aussi invraisemblable, nous autres défenseurs, si bien accoutumés à croire madame Lafarge, nous avons dû lui dire : « Mais vous êtes donc coupable? vos explications ne sont pas croyables! »

« Elle luttait cependant encore contre ses défenseurs; il y avait là un secret qui ne lui appartenait pas; sa justification était une accusation contre une autre femme qui avait été longtemps son amie. Elle était placée d'une part entre le danger d'une accusation de vol, de l'autre part entre l'obligation cruelle de déshonorer mademoiselle de Nicolaï. Madame Lafarge, dans cette cruelle perplexité, s'arrête au seul moyen qui, dans son espérance, pouvait concilier tous les intérêts; elle adresse à madame de Léautaud une lettre, cette lettre est écrite un jour de fièvre, sur le bord de son lit, en quelques minutes.

La vie de château. — Mademoiselle Cappelle à Busagny.

« Cette lettre, dont le sens se trouve reproduit dans dix interrogatoires, n'est pas une menace adressée, mais un effort fait pour empêcher le scandale, un dernier moyen imaginé pour mettre fin à cette affaire également déplorable pour madame Lafarge et pour Mme de Léautaud. Il fallait qu'elle se défendît; sa vie lui appartenait; mais sa réputation, son honneur, elle ne pouvait pas les sacrifier pour madame de Léautaud: il fallait dire la vérité, elle la dit.

« Mais, s'est écrié le ministère public, c'est une diffamation atroce! De quel droit, nous a-t-il dit, avez-vous produit un pareil système, et, pour vous le permettre, pouvez-vous apporter ici des preuves triomphantes? Il fallait les produire; vous ne l'avez pas fait; votre système est anéanti; la justice a d'ailleurs prononcé définitivement; il ne reste plus qu'à reprocher à madame Lafarge ses mauvaises actions.

« Et on disait cela, Messieurs, alors qu'il ne nous avait pas été donné une seule fois de répondre à toutes ces accusations, alors que nous n'avions pas pu nous trouver face à face un seul instant avec ceux qui nous accusent. Ah! je le conçois, si les explications eussent été contradictoires, si nous n'en avions pas porté de concluantes, vous auriez eu le droit d'accuser et d'insulter madame Lafarge.

A ces mots une assez vive altercation s'élève entre l'avocat-général et Me Bac. Le ministère public requiert la Cour d'inviter le défenseur à se montrer plus circonspect.

« Me BAC. — Je disais qu'avant de poser comme des faits incontestables le vol et la diffamation, il fallait que l'accusation prouvât; il lui fallait des preuves certaines. A deux reprises différentes l'accusation de vol fut produite; jamais l'accusée n'a été appelée à s'expliquer en présence de madame de Léautaud.

« L'accusation a dit: « Il n'y a désormais aucun doute; il y a le jugement de Brives. » Mais ce jugement était par défaut; le ministère public l'a constaté.

« Ainsi, le jugement de Brives ne peut plus désormais avoir aucune influence sur la décision que vous avez à rendre, messieurs les jurés; jusqu'ici tout est doute, obscurité, confusion dans cette affaire.

« Ce n'est pas la défense qui a reculé devant les débats sur les diamants. Les explications pouvaient avoir lieu contradictoirement; j'avais, pour ma part, des explications précieuses à demander et à fournir. (Mouvement.) La Cour a pensé qu'il n'était pas nécessaire de procéder à ce débat.

« Nous nous serions trouvés à l'aise en présence de nos adversaires naturels; le ministère public a voulu que le débat eût lieu en face de lui seul; il s'est dit assez fort pour défendre, avec les éléments qu'il avait entre ses mains, la réputation de madame de Léautaud; nous allons voir. (Marques d'attention.)

« Si je lui disais maintenant, au ministère public, que madame de Léautaud n'a pas cessé ses relations en 1836, comment pourrait-il répondre? (L'attention redouble) Si je disais aujourd'hui: Les relations de madame de Léautaud avec M. Clavé se sont continuées depuis 1836 (marques d'incrédulité); elles existaient encore en novembre et en décembre 1839; si je disais cela, vous direz: « C'est une infamie, c'est le comble de l'imposture! » Eh bien! cela serait la vérité. (Mouvement.)

« Voici des lettres (Me Bac montre plusieurs papiers); nous les avions jusqu'ici tenues secrètes; nous attendions, pour les produire, s'il était besoin, des explications contradictoires; vous avez voulu nous attirer malgré nous sur

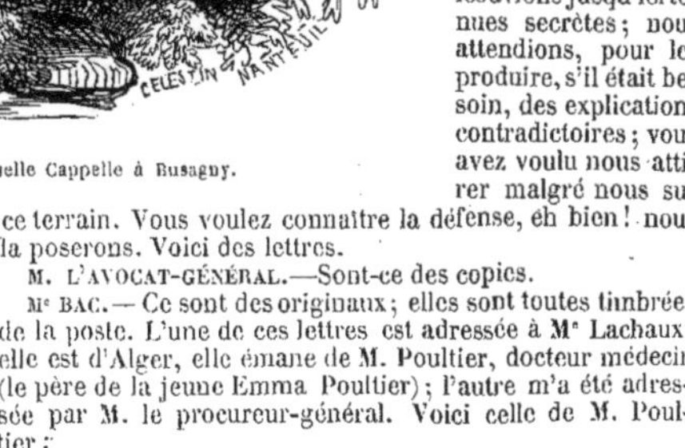
ce terrain. Vous voulez connaître la défense, eh bien! nous la poserons. Voici des lettres.

M. L'AVOCAT-GÉNÉRAL. — Sont-ce des copies.

Me BAC. — Ce sont des originaux; elles sont toutes timbrées de la poste. L'une de ces lettres est adressée à Me Lachaux; elle est d'Alger, elle émane de M. Poultier, docteur médecin (le père de la jeune Emma Poultier); l'autre m'a été adressée par M. le procureur-général. Voici celle de M. Poultier:

Alger, le 31 juillet 1840.

« Monsieur,

« Je viens d'apprendre la déplorable issue de l'affaire au tribunal de Brives, et c'est avec bien du regret que j'en ai lu les détails. Je vous adresse ci-incluse une lettre d'un homonyme de M. Clavé. Si ces déclarations peuvent être utiles à la cause que vous êtes chargé de défendre, vous pourrez le faire assigner. Si vous avez aussi quelques informations à prendre sur M. Clavé, son séjour à Alger, son emploi et l'époque de son départ pour la France, je me ferai un véritable plaisir de vous les fournir : sur les lieux, il me sera facile d'obtenir tous les renseignements qui vous seront utiles.

« Recevez, etc.

« R. POULTIER, D.-M. »

P. S. « Veuillez, je vous prie, me répondre de suite et me donner des nouvelles de l'infortunée que vous êtes chargé de défendre.

Autre *P. S.* « Celui qui m'a fourni les renseignements se nomme M. Clavé, officier d'administration des hôpitaux militaires; Petite-Bauza, n. 30, à Alger. »

« Me BAC : Voici maintenant la lettre de ce M. Clavé, elle est adressée à M. Poultier. (Mouvement général d'attention.)

« Monsieur,

« J'ai l'honneur de répondre à votre lettre du 30 juillet dernier, et de vous donner des renseignements que vous me demandez.

« Je ne suis nullement parent avec M. Clavé connu dans le procès de mesdames Lafarge et de Léautaud. Je n'ai rien de commun avec lui que le nom. Cependant, vers novembre ou décembre dernier, j'ai reçu pour lui, de madame la comtesse de Léautaud, une boîte que je lui ai remise aussitôt après la plus minutieuse information. Voilà, monsieur, comment j'ai connu M. Clavé. (Marques d'étonnement.)

« Agréez, monsieur, l'assurance de ma considération distinguée.

» Votre très-humble serviteur.

CLAVÉ. »

« Me BAC : Nous avons, vous le comprenez, éprouvé le besoin de faire assigner M. Clavé, d'Alger. Il était nécessaire d'établir d'une manière judiciaire, positive, la vérité de ce fait, qui sera établi d'une manière incontestable. Nous avons à cet effet adressé une lettre à M. le procureur-général. Voici sa réponse :

A M. Lachaud, avocat, à Tulle.

« Alger, 30 août 1840.

« Monsieur,

« Votre lettre du 15 août, par laquelle vous réclamez mon intervention pour obtenir la comparution à l'audience de la Cour d'assises de la Corrèze du 3 septembre prochain du sieur Clavé, dont madame Lafarge juge l'audition nécessaire à sa défense, ne m'est parvenue qu'hier 22. C'est assez vous dire que je n'ai pu songer à faire citer ce témoin; car il eût été absolument impossible qu'il comparût au jour indiqué, la traversée d'Alger à Toulon, la quarantaine à laquelle tous les passagers, sans exception, sont assujettis, et la distance à parcourir du lieu du débarquement à celui où siége la Cour d'assises de la Corrèze exigeant un délai de quinze jours au moins.

« J'ai néanmoins fait rechercher le sieur Clavé qui habite Alger, où il occupe un emploi dans l'administration des hôpitaux militaires, et je l'ai informé de l'appel que fait à son témoignage la défense de madame Lafarge. Il serait tout disposé à comparaître; mais il a dû reconnaître avec moi que, même en partant aujourd'hui avec le bateau qui vous portera cette lettre, il ne pourra arriver à Tulle avant le 15 septembre au plus tôt.

» Recevez, monsieur, etc.

« Le procureur-général,

« HENRION. »

P. S. « Je reçois à l'instant, et je crois devoir vous transmettre une lettre qui vient de m'être adressée par M. Clavé.

« Alger, 30 août 1840.

« Monsieur le procureur-général,

« J'ai reçu hier, par votre intermédiaire, avis du désir témoigné par le défenseur de madame Lafarge de ma comparution à l'audience de la Cour d'assises de la Corrèze du 3 septembre prochain; j'ai l'honneur de vous avertir qu'il me serait impossible, en partant aujourd'hui même, d'arriver au jour indiqué, vu la brièveté du délai; je ne pourrais tout au plus arriver à Tulle que le 15 septembre prochain. Du reste, si ma déposition peut servir à éclairer la religion des juges, et qu'elle puisse être de quelque importance pour l'accusée, je vous la transmets ici.

« J'ai reçu vers le mois de novembre ou décembre 1839 une boîte à mon adresse; mais, doutant si elle était effectivement pour moi, je cherchai avant de l'ouvrir s'il y avait ici quelqu'un qui portât mon nom. En effet, je trouvai à l'hôtel de la Régence, à Alger, M. Félix Clavé, auquel je présentai la boîte, qu'il affirma être pour lui, venir de madame la comtesse de Léautaud, et contenir des couleurs. Je la lui remis, et je me retirai.

« Voilà, Monsieur le procureur-général, en quoi se bornerait ma déposition.

« Agréez l'assurance, etc. « CLAVÉ,

« Officier d'administration des hôpitaux à Alger. »

La lecture de ces lettres produit la plus profonde impression; l'émotion qui se manifeste dans la salle force l'avocat à s'interrompre un moment. M. l'avocat-général sourit.

« Me BAC. — Assurément il n'y a en apparence rien de bien grave dans ces lettres; mais il n'y a rien non plus qui doive bien réjouir ceux qui défendent le système de madame de Léautaud. Ah! rappelez-vous-le bien, elle a affirmé devant la justice, elle a fait juger, M. l'avocat-général est venu le déclarer. C'était, disait-on, un fait au-dessus de toute controverse que depuis 1836 madame de Léautaud avait cessé toutes relations avec M. Clavé, et l'on avait raison de poser ainsi les faits, car si la correspondance de mademoiselle de Nicolaï avec le jeune Espagnol pouvait avoir quelque chose d'innocent, il n'en est plus de même de la correspondance de madame la vicomtesse de Léautaud, de la mère de famille, avec M. Clavé en Afrique. C'est là un fait énorme, et qu'il fallait effacer à tout prix.

« Il n'y a rien là qui doive réjouir M. l'avocat-général, car ces lettres contiennent la vérité. Voici deux faits désormais inséparables et terribles : d'une part la continuation d'une correspondance entre madame de Léautaud et Clavé, de l'autre la dénégation répétée de madame de Léautaud.

« Or, ces faits sont-ils vrais? Nous ne rapportons que des lettres, mais nous ne les avons pas sollicitées; elles émanent d'une source certaine; c'est sous le sceau de la justice même qu'elles nous arrivent. Elles sont écrites par un homme dans une position honorable, et qui répète deux fois sa déclaration. Ce ne sont que des lettres; mais que le ministère public se rappelle que c'est avec des lettres qu'il a voulu combattre, qu'il a invoqué et accepté ce genre de preuves, qu'il a laissé sortir les témoins de cette enceinte, qu'il a voulu que la discussion eût pour base des éléments exceptionnels; qu'il se rappelle la position qu'il a choisie, qu'il sache l'accepter.

« Se résoudra-t-il à attendre enfin, à douter en présence de pareils documents? Croit-il qu'il lui suffira de dire qu'il n'est pas besoin de nos investigations, que nos preuves doivent être foulées aux pieds, et que la moralité de madame la vicomtesse de Léautaud se défend par elle-même? Il abandonnera, nous l'espérons, ce langage désormais usé.

« Il l'abandonnera! Vous avez, M. l'avocat-général, je ne sais dans quel dessein, souvent répété un mot que je vous rappelle à mon tour, l'égalité devant la loi! Eh bien! respectez cette égalité. Reconnaissez qu'il y a parité entre madame Lafarge sur ce banc et madame de Léautaud dans ses grandeurs. Vous disiez que le nom de madame de Léautaud, celui de sa famille et l'illustration de ses ancêtres la défendaient ici. Il n'y a ici qu'une chose belle et illustre, la vérité! Il faut que tous se courbent également sous le niveau de la loi en pénétrant dans cette enceinte. Ici l'on n'est défendu ni par son nom ni par son rang; l'on est défendu par ses preuves. Attendez donc, attendez que madame de Léautaud et madame Lafarge aient porté chacune les leurs; attendez que le débat soit engagé entre elles. Alors nous souhaitons que madame de Léautaud se justifie, nous souhaitons que cette jeune mère de famille se réhabilite; mais jusque-là attendons. Il ne suffit pas que ce soit madame la vicomtesse de Léautaud pour dire qu'elle est innocente; je vous dis que voici des lettres accusatrices, et qu'il faut qu'elle se justifie, toute vicomtesse qu'elle est. »

Après quelques nouvelles considérations sur l'accusation du vol de diamants, Me Bac aborde la question d'empoisonnement. Il rétablit les arguments à l'aide desquels la défense démontre la moralité de madame Lafarge; il termine ainsi cette partie de sa plaidoirie :

« Vous avez entendu ces lettres si spirituelles, si naïves, si pleines de délicatesse et de sentiment, si naturelles qu'on ne peut s'empêcher de les prendre pour des émanations d'un cœur pur, et s'il est vrai que le style est l'hommage, que la langue a sa racine au cœur, c'est une âme noble et généreuse que celle de madame Lafarge.

« Pourtant cette vérité nous a été vivement contestée. Est-ce une chose rare, nous a-t-on dit, que cette alliance du crime et de l'intelligence, et l'on est allé chercher un exemple dans les débats récents qui ont affligé la Cour d'assises de la Gironde; on a parlé d'Éliçabide.

« L'exemple était mal choisi. Comment! c'est ce monstre

à face humaine, ce fanatique stupide, cet espèce de monomane qui établit avec tant de complaisance le cynisme de ses assassinats, que vous comparez à madame Lafarge! et sachez que le style de cet Eliçabide n'a rien que de semblable à son âme, que cet homme va plagier des métaphores outrées dans le plus mauvais mélodrame du boulevart, que toute sa littérature est quelque chose de prétentieux, d'affecté, où manquent sans cesse et la nature et le goût. Non! heureusement non! ce don du style, d'un style vrai, n'a pas été donné aux âmes dégradées; non, l'axiome de Buffon n'a pas reçu ce démenti! Le bon goût a toujours protesté contre les réputations de ces assassins littéraires qui maniaient également la plume et le poignard. Le bon goût acceptera, au contraire, les lettres de madame Lafarge; lisez-les, ces lettres, j'en appelle aux sentiments qu'elles feront naître en vous; j'en appelle aux sentiments de M. l'avocat-général lui-même, qui ne pouvait s'empêcher, j'en suis sûr, de les admirer au moment où il sentait le plus le besoin de les combattre.

(M. l'avocat-général fait un signe d'assentiment.)

« Pour mon compte, je ne croirai jamais que la main qui a écrit ces lettres ait pu préparer des breuvages empoisonnés.

« Je ne veux pas dire, prenez-y bien garde, qu'il faille acquitter madame Lefarge parce qu'elle est intelligente, parce qu'elle a reçu les bienfaits de la plus délicieuse éducation, Dieu me garde d'un tel blasphème! Si la justice doit avoir des indulgences, si parfois elle doit laisser fléchir ses plateaux, c'est pour ceux que l'éducation n'a pas visités, qu'elle n'a pas mis en garde contre le mal; c'est pour ceux qui sont livrés sans défense à toutes les tentations du besoin. Voilà ceux pour qui je m'émeus vivement, voilà ceux que je trouve excusables quand, par malheur, ils ont failli! Mais quant à ceux qui ont souillé le signe sacré de l'intelligence que Dieu leur avait mis au front; quant à ceux qui, loin des tentations, retenus par la noblesse naturelle de leurs pensées, se sont laissé entraîner au crime, ceux-là n'ont droit à aucune pitié, ceux-là rien ne les excuse. Voilà comment je comprends l'égalité devant la loi.

« Mais reconnaissons-le aussi, plus le cœur est haut placé, plus il a besoin de descendre pour tomber dans la fange du crime, plus il faut de preuves. Il faut alors de la certitude; il faut les paroles les plus énergiques, les plus invincibles qu'il soit donné à l'homme de réunir. »

Me Bac reprend une à une les charges de l'accusation, et parle d'abord de la lettre du 15 août; il parle encore de la lettre conservée pendant huit mois par madame Buffières, déposée par elle entre les mains de la justice comme étant la préface de l'empoisonnement. La défense y avait reconnu les écarts d'une femme en proie à une exaltation mentale, ayant le besoin de déposer sur le papier tous les rêves de son imagination heureuse ou malade. Il y a loin de cette disposition à celle de la femme hypocrite du ministère public. Il n'est pas possible de créer ici deux femmes pour le besoin de l'accusation.

Le défenseur, après avoir parlé du gâteau, traite la question elle-même d'empoisonnement, discute le rapport de M. Orfila constatant la présence d'une quantité indéfinissable d'arsenic, d'un atome d'arsenic à peine suffisant pour donner la mort à une mouche; il lui oppose l'opinion de M. Raspail.

Me Bac plaide ensuite la possibilité du suicide. Il aborde enfin la possibilité de l'empoisonnement par une autre main que celle de madame Lafarge. « Je le déclare ici, dit-il, loin de ma pensée le désir d'accuser personne; nous resterons dans le vague, dont nous n'avons jamais voulu sortir, dont nous ne sortirons jamais. »

Le défenseur parle ici de madame Lafarge mère; loin de lui l'intention de l'accuser, d'accuser personne.

« Ainsi donc, dit Me Bac, je n'attaquerai pas madame Lafarge mère; les faits parleront. »

Après avoir rappelé le fait du testament violé, Me Bac continue :

« Lafarge est mort; il est là gisant sans mouvement sur son lit; il vient d'expirer. Voyez-vous dans les larmes, mère infortunée; pleurez sur votre fils mort, pleurez sur votre fils assassiné!... mais n'allez pas briser les meubles; c'est là cependant ce que vous avez fait. » (Me Coralli, qui assiste aux débats en habit de ville, sort précipitamment, et revient vêtu de sa robe.)

Me Bac retrace ici la scène du serrurier intervenant par l'ordre de madame Lafarge mère. Madame Marie Lafarge, mandée chez madame Buffières, ne soupçonnant pas ce prétexte, y courant et laissant le champ libre à la famille, à la mère qui s'enferme avec soin, et allant chercher le serrurier, qui attend près du cadavre avec ses outils, le ramène et brise le secrétaire pour y prendre, dit-on, les papiers inutiles, comme si pour quelque chose d'inutile on se condamnait à un pareil sacrilége.

Me Bac arrive à Denis. Ici encore il n'accusera pas, il n'a pas assez pour accuser. « Je ne veux pas vous dire ce que j'ai pu penser sur cet homme, sur lequel mes idées ne se sont jamais arrêtées que d'une manière fâcheuse. Denis! je ne sais quel il est, cet ancien marchand de liqueurs qui est devenu si vite le confident de Lafarge, et plus tard son complice! Denis!... je ne connais pas sa vie! je dis que sa vie toute entière est un mystère!

« Il y a huit mois pour la première fois que nous avons vu madame Lafarge; nous étions alors comme vous sous le poids des impressions qu'avait produites la lecture des faits rapportés par la presse. Il y avait eu dans cette affaire quelque chose d'étrange dans ces narrations de faits, dans ces publications...

« M. L'AVOCAT-GÉNÉRAL : Pardon si je vous interromps, Me Bac; mais l'accusation a ici une déclaration à faire. Elle a été étrangère à toutes ces publications, faites à son grand préjudice et à sa grande douleur.

« Me PAILLET : C'est un grand malheur et en même temps un grand scandale judiciaire.

« M. LE PRÉSIDENT : Cela a été pour le président et pour le ministère public le sujet d'un grand deuil.

« M. L'AVOCAT-GÉNÉRAL : Et pour M. le procureur-général le sujet d'une sévère investigation.

« Me BAC : Je ne fais allusion ici qu'aux ouï-dire colportés à cette époque. Eh! bien, messieurs, nous arrivâmes à cette époque à Brives, sous les impressions fâcheuses qu'avait produites sur nos esprits la lecture de ces faits. Nous vîmes madame Lafarge avec cette défiance qu'on a contre une personne presque publiquement accusée; nous voulûmes, puisqu'une partie de sa défense devait nous être confiée, ne laisser pénétrer la conviction que difficilement dans notre esprit.

« Nous approchons d'elle, et bientôt, à notre insu, nous revînmes à ce sentiment qui devait être une conviction, que cette femme n'était pas coupable. Cette conviction, messieurs, d'où venait-elle pour nous? Etait-ce de ce prestige, de cette fascination dont a parlé le ministère public? Non, messieurs, elle venait d'une observation attentive des faits qui venaient devant nous former l'accusation.

« Nous nous transportâmes au Glandier, nous assistâmes aux premières opérations de la justice; nous voulûmes nous inspirer de la vue de ces lieux. En arrivant que trouvâmes-nous?

« Nous parlâmes aux paysans, aux domestiques; nous trouvâmes l'éloge de madame Lafarge sur toutes les lèvres. Ces pauvres gens n'en parlaient que les larmes aux yeux; ils nous racontaient les plus petits détails de sa vie. Là, nous disaient-ils attendris, là elle montait à cheval, là était sa chambre; c'est ici qu'elle distribuait ses aumônes aux pauvres; c'est dans tous ces lieux que vous voyez qu'elle a fait tant d'heureux! Partout des souvenirs de bonheur, de bienfaisance, et surtout partout la pensée qu'elle ne pouvait être coupable. Cependant ce n'était qu'une étrangère. La famille Lafarge est ancienne dans le pays; elle y avait d'anciens souvenirs; son influence était grande. Eh bien! partout nous recueillîmes cette conviction qu'elle ne pouvait être coupable. »

Me Bac résume ses moyens de défense; il montre le défaut d'intérêt qui repousse l'accusation. Elle ne peut être expliquée ni par l'amour pour un autre, ni par la haine contre son mari, ni par la cupidité. Sa conduite postérieure repousse ce dernier prétexte; car elle s'est engagée pour son mari avant la mort, pendant la mort et après même qu'il a eu fermé les yeux.

« Me CORALLI. — Je déclare me porter partie civile au nom

de madame Lafarge mère. Je conclus à 30,000 francs de dommages-intérêts, applicables aux créanciers de Lafarge.»

M. le président demande au ministère public et aux défenseurs s'ils n'ont rien à ajouter. Sur leurs réponses négatives, il fait la même demande à l'accusée.

Madame Lafarge, se levant avec peine de son fauteuil, et d'une voix faible : — M. le président je suis innocente, je vous le jure. (Sensation prolongée.)

« M. LE PRÉSIDENT. — Je n'ai pas entendu...

« Me BAC. — L'accusée a dit : « Je suis innocente, je vous le jure. » (Mouvement. Les larmes s'échappent des yeux d'un grand nombre d'assistants.)

M. le président résume les débats. Il rappelle ensuite aux jurés les dispositions légales, remet à leur chef la question à résoudre, qui est ainsi conçue :

« Marie Cappelle, veuve du sieur Charles Pouch Lafarge, « est-elle coupable d'avoir, en décembre et janvier derniers, « donné la mort à son mari à l'aide de substances susceptibles de donner la mort, et qui l'on donnée en effet ? »

On emporte l'accusée sur un long fauteuil à bras : elle paraît fort souffrante; sa vue excite une grande émotion.

La Cour se retire.

A sept heures trois quarts le jury entre dans la salle des délibérations; après une heure juste il en sort. Un profond silence s'établit dans l'auditoire.

La déclaration du jury est :

« Oui, à la majorité, l'accusée est coupable. (Mouvement général dans l'auditoire, exclamation dans la tribune des dames.)

« Oui, à la majorité, il y a des circonstances atténuantes en faveur de l'accusée !) »

La foule immense qui est entassée dans le prétoire reste morne et silencieuse. On dirait à voir tous ces regards tournés vers un même point, toutes ces bouches muettes, qu'une même commotion électrique les a frappées toutes d'une éternelle immobilité.

« M. LE PRÉSIDENT. — Je recommande à l'auditoire le plus profond recueillement. Gendarmes, introduisez l'accusée. »

Tous les regards sont fixés sur la porte par laquelle Marie Lafarge va entrer pour la dernière fois. Un quart d'heure se passe, et rien n'est venu rompre le silence de mort que s'est imposé tout l'auditoire, et que n'a pas besoin de maintenir l'organe sévère du président.

« Me PAILLET, le visage inondé de sueur et la voix éteinte. — Madame Lafarge en arrivant dans sa prison s'est évanouie; elle est en ce moment dans un état tel, annonce-t-on, que si on la transportait ici elle y arriverait privée de tout sentiment. La triste formalité de sa condamnation ne peut-elle donc pas s'accomplir en son absence?

« M. LE PRÉSIDENT. — C'est avec un sentiment douloureux que je suis forcé de vous faire observer que l'article 337 du Code d'instruction criminelle exige que la déclaration du jury soit lue en présence de l'accusée. Nous serons donc réduits à l'alternative ou de la faire apporter à l'audience dans l'état où elle se trouverait, ou de faire application de l'article 8 de la loi de septembre constatant son refus de se rendre à l'audience.

« Me PAILLET. — L'impossibilité où elle se trouve peut dans l'esprit de la loi équivaloir à ce refus.

« L'AVOCAT-GÉNÉRAL. — Nous concluons formellement à ce qu'application soit faite de la loi de septembre.»

La Cour, faisant droit à ces réquisitions, commet un huissier chargé d'aller, accompagné de la force armée, sommer Marie Cappelle, veuve Lafarge, de se rendre à l'audience, et de dresser, en cas de refus, procès-verbal de ce refus.

Une demi-heure se passe dans l'exécution de cette formalité, et pendant tout ce temps un profond silence règne dans tout l'auditoire. On entend en dehors de l'enceinte des cris confus poussés par la foule immense qui, dans la plus complète obscurité, stationne devant la salle du palais, et connaît déjà le résultat de la déclaration du jury.

Lecture est donnée de la sommation de l'huissier, qui constate qu'il a trouvé madame Lafarge étendue sur son lit et qu'elle a refusé de lui répondre.

La Cour ordonne qu'il sera donné lecture de la déclaration du jury.

M. l'avocat-général requiert l'application de la loi, et conclut à ce que l'accusée soit condamnée aux travaux forcés à perpétuité.

« M. LE PRÉSIDENT. — Les défenseurs ont-ils quelque chose à dire sur l'application de la peine?

« Me PAILLET. — Les défenseurs ne sont pas même censés être ici.

« M. LE PRÉSIDENT. — Il sera tenu note de la réponse. »

La Cour, après une délibération d'une heure, rentre en séance, et prononce un arrêt qui condamne Marie Cappelle, veuve Lafarge, *aux travaux forcés à perpétuité et à l'exposition sur la place publique de Tulle.*

La Cour de cassation qui avait été saisie du pourvoi de madame Lafarge, le rejeta dans son audience du 18 décembre 1840, et sur les conclusions de M. le procureur-général Dupin.

Ainsi se termina ce procès extraordinaire, mais l'ardeur avec laquelle le parti de madame de Léautaud avait été pris par les uns et celui de Marie Cappelle par les autres survécut longtemps au débat. C'est à peine si l'attention publique a été détournée assez complétement du drame du Glandier par des événements d'un ordre autrement élevé et d'un intérêt général, pour qu'il soit impossible aujourd'hui, en 1851, de rencontrer encore des *Lafargistes* et des *Léautaudistes*. Cet engouement donna lieu à un grand nombre de spéculations : autographes des époux Lafarge, menus objets ayant appartenu à la triste héroïne du Glandier; mais la plus extraordinaire, la plus hardie, la plus affligeante de ces spéculations est sans contredit la publication des *Mémoires de madame Lafarge.*

Ces Mémoires sont-ils vraiment dus à la plume de Marie Cappelle? A en comparer le style avec celui des lettres que nous avons rapportées dans le cours de cette narration, il n'est point permis d'hésiter. Ajoutons que celui qui écrit ces lignes, après avoir douté comme tant d'autres d'une culpabilité aussi révoltante que celle de madame Lafarge, en face de quelques points vraiment obscurs de l'instruction criminelle, s'est arrêté à l'affirmative après avoir lu la défense de l'accusée, écrite par elle-même.

Ce factum théâtral où des caractères respectables sont impitoyablement et inutilement vilipendés, cette complaisance inouïe à parler publiquement de soi et de ses sentiments intimes, quand on est femme et que l'on a eu que trop à souffrir de la publicité, cette prostitution de la douleur, cette absence de tout sens moral qui a empêché Marie Cappelle de comprendre que les sympathies même qu'elle avait excitées étaient encore un odieux fardeau, entachées qu'elles étaient nécessairement d'une vaine curiosité et d'un incurable doute, sinon sur son innocence matérielle, du moins toujours sur la dignité de son caractère, que de préventions insurmontables naissent de la lecture de cette plaidoirie effrontée!

C'est le digne pendant de la lettre remise à madame de Léautaud, de la part de la veuve Lafarge, par Me Bac. Dès la première page des *Mémoires*, je ne sais quoi d'immodeste et de nauséabond refroidit le lecteur. S'agit-il de la dédicace de l'auteur. A qui cette dédicace? « A MES AMIS! » Il ne s'agit pas ici, gardez-vous de le croire, du prêtre qui, seul, dans son sublime ministère, ne craint pas d'ouvrir ses bras aux plus grands criminels, ou de relever, dans la cendre où la calomnie l'a prosternée, l'innocence en larmes et en détresse. Non! Les amis à qui s'adresse Marie Cappelle sont les déplorables amis qui lui ont envoyé des corbeilles de fleurs et des bouquets à Chloris en style mélodramatique, écrits sur papier parfumé.

« J'ai besoin, dit-elle de vous dire mes fautes, *pour que vous me les pardonniez ;* mon innocence, *pour que vous la protégiez ;* mes douleurs, *pour que vous m'aimiez davantage et que vous m'aimiez toujours !...* »

Hideuse coquetterie en pareille situation! Odieux mélange de l'odeur du patchouly et de celle de la mort-aux-rats !

L'autorité commit envers la société, comme envers madame Lafarge elle-même, la faute grave de laisser sortir le manuscrit des mémoires de la prison où il avait été écrit. Placée sous le règlement sévère des prisons, madame Lafarge n'a pas été tenue de s'y conformer. N'était-ce point assez que le jury, toujours porté à décliner la responsabilité d'une condamnation à mort (et nous le comprenons au dix-neuvième siècle!) alléguât des circonstances atténuantes vraiment imaginaires pour faire grâce à Marie Cappelle de la vie? Il fallut encore que les mémoires de Marie Cappelle vinssent figurer, dans les catalogues de librairie, entre les mémoires de madame de Créquy et ceux de Cléry ou de la duchesse d'Abrantès!

Ajoutons que, grâce à des protections supérieures, résultat de certaines liaisons entre la famille d'Orléans, alors sur le trône, et la famille de l'accusée, Marie Cappelle fut dispensée des austérités du régime pénitentiaire. Enfermée à Montpellier, elle fut constamment entourée de prévenances bien insuffisantes pour adoucir sa position si elle était innocente, bien scandaleuses si elle ne l'était pas.

Or, n'oublions pas que, malgré l'influence inévitable de ce fanatisme singulier dont le public s'était épris pour elle, le jury en majorité l'avait déclarée COUPABLE D'EMPOISONNEMENT SUR LA PERSONNE DE SON MARI.

Singulier temps que le nôtre, où, à défaut de grandes actions et de grandes vertus, une subalterne ambition captive l'attention publique par le scandale!

Marie Cappelle, *femme illustre*, n'est-elle pas le digne pendant de *Lacenaire, poète*, ou d'*Élicabide*, historien très-goûté de son triple forfait?

« MONTPELLIER, 21 février 1851. « Telle est la date des dernières nouvelles de madame Lafarge qu'il nous ait été donné de recueillir. Madame Lafarge n'a cessé de soutenir, depuis dix ans de captivité, le rôle de son innocence. Si nous jugeons sévèrement la partie de sa vie que les débats ont rendue publique, actes, écrits, livres, nous respecterons le silence dont la prison environne sa vie actuelle. Disons seulement que des raisons de santé faisaient croire depuis longtemps à la translation de la prisonnière sous un ciel plus favorable à son rétablissement.

Madame Lafarge, dont on avait si souvent annoncé le départ de Montpellier, n'a quitté la maison de détention de cette ville que le 10 février. M. le ministre lui a désigné l'établissement de Saint-Rémy (Bouches-du-Rhône) comme maison de santé, et c'est sur cet établissement qu'elle a été dirigée, accompagnée de deux de ses parents et du gardien-chef de la maison centrale de Montpellier.

Une voiture de ville l'a conduite aux Mazes, première station du chemin de fer de Nîmes, d'où elle est partie par le convoi de sept heures et demie.

A l'heure où nous écrivons, elle est installée à Saint-Rémy.

MADAME TIQUET

ou

UNE LAFARGE D'AUTREFOIS.

La belle madame Tiquet, femme du sieur Tiquet, conseiller au parlement, était paisiblement chez elle en compagnie de madame la comtesse de Senonville, son amie; elle attendait le retour de son mari, qui passait la soirée chez sa voisine madame de Villemur.

Madame de Senonville avait résolu de ne se retirer que quand M. Tiquet serait rentré et couché, afin, dit la chronique, de lui faire la petite malice de l'obliger à se relever, pour ouvrir la porte.

Cependant M. Tiquet ne rentrait point. Il se faisait fort tard. Madame de Senonville perdit patience et prit congé de madame Tiquet. Les domestiques veillèrent longtemps encore et ils étaient au comble de l'inquiétude de ne point voir rentrer leur maître, quand plusieurs coups de pistolet détonnèrent soudain dans la rue.

On court au bruit.— Tiquet est là gisant sur la chaussée dans une mare de sang, mais vivant encore et ayant toute sa connaissance. On le relève; il défend à ses gens de le porter dans sa maison et se fait remonter dans l'appartement de madame de Villemur. Madame Tiquet y accourt; il refuse de la voir. Des cinq balles qu'il avait reçues, aucune ne l'avait atteint mortellement, quoique l'une d'elle l'eût frappé tout près du cœur. Le commissaire du quartier arrive et demande au blessé s'il se connaît des ennemis : *Je n'en ai point d'autre que ma femme*, répondit le conseiller avec une tranquille assurance.

Cette singulière réponse fixe les soupçons, la procédure s'en empare. Le lendemain madame Tiquet n'en va pas moins chez la comtesse d'Aunoy, où la réunion devait être et fut en effet très-nombreuse. Elle recueille les bruits qui courent sur l'aventure de son mari. Ni sa contenance, ni ses discours ne révèlent chez elle d'autre sentiment que la douleur et l'étonnement d'un pareil forfait.

— M. Tiquet, dit la comtesse, ne connaît-il point ses assassins?

— Ah! s'écrie madame Tiquet, quand il les connaîtrait, il ne les nommerait point. C'est moi qu'on assassine aujourd'hui!...

— On devrait, reprit la comtesse, s'assurer d'un portier que votre mari a chassé et sur qui planent les soupçons les plus graves.

A peine madame Tiquet est-elle de retour chez elle que ses amis l'exhortent à prendre la fuite pour se soustraire au sort qui l'attend.

On se rappelle que ceux de madame Lafarge en firent autant entre la mort de son mari et le moment de son arrestation. Comme madame Lafarge, madame Tiquet repousse avec indignation ces conseils officieux. « Qu'ai-je à redouter? répond-elle obstinément. Est-ce mon innocence? » Pendant huit jours les mêmes avis lui sont donnés sans cesse. Enfin, le huitième jour, un religieux de l'ordre des Théatins entre chez elle et lui dit qu'elle n'a plus un moment à perdre, si elle ne veut être arrêtée. Il lui apportait charitablement une robe de théatin pour se soustraire à l'attention publique, et une chaise à porteurs attendait dans la cour, avec ordre aux porteurs de la conduire dans un lieu où se trouverait une chaise de poste, au moyen de laquelle elle gagnerait Calais au galop des chevaux, et de là, escortée par des amis dévoués, elle passerait en Angleterre.

— Ceci, dit madame Tiquet, est la ressource des coupables. Mon innocence me met suffisamment à l'abri. Une parole dictée à mon mari par la haine qu'il me porte, a propagé une calomnie contre moi. Il espère sans doute qu'une fois bannie de France par la peur, je ne serai plus à même de m'opposer à ce qu'il s'empare de mes biens.

Le théatin est remercié, la chaise à porteur congédiée, et l'accusée demeure fièrement à la discrétion des accusateurs.

Le lendemain, madame de Senonville vient serrer encore la main de son amie, toujours libre et chez elle. Comme elle allait se retirer, madame Tiquet la prie de rester. « On va venir m'arrêter, lui disait-elle, et je voudrais bien ne pas me trouver seule au milieu de cette *canaille*. »

En ce moment paraît le lieutenant-criminel avec une troupe d'archers : « Monsieur, n'avez-vous pu vous dispenser de vous faire suivre par ce tas de gens? Je n'avais dessein ni de fuir, ni de résister. Eussiez-vous été seul, je vous aurai suivi sans façon. »

Elle fit mettre devant elle les scellés dans son appartement, embrassa son fils, âgé de neuf ans, qu'elle aimait beaucoup, lui donna de l'argent pour s'amuser en attendant la fin de l'affaire, monta tranquillement en carrosse avec le lieutenant-criminel, assurant son enfant qu'il n'avait rien à craindre et qu'il reverrait bientôt sa mère. Chemin faisant, elle fut reconnue par une dame de sa connaissance et salua gracieusement, comme si elle partait pour la promenade. La vue du Petit-Châtelet, où on la conduisait, lui arracha un soupir. Du Petit-Châtelet elle fut peu après transférée au Grand-Châtelet.

Son procès fut bientôt instruit. Les recherches de la justice et l'information des témoins avaient amené la découverte des faits suivants :

Angélique-Nicole Carlier, femme Tiquet, née à Metz en 1657, avait été recherchée par Tiquet en mariage pour sa fortune (elle avait partagé, à la mort de ses parents, un million avec son frère,) et son admirable beauté.

Non moins spirituelle et enjouée que délicieusement belle, Angélique Carlier eût pu aspirer à une condition supérieure à celle que le conseillier Tiquet lui offrit, si certaine tante de la belle et charmante orpheline, n'avait, comme toutes les duègnes, accepté de Tiquet de petits cadeaux qui l'intéressèrent en faveur de cet amant, d'abord *incompris* et malheureux. Cet amant, pour un homme de robe, n'y allait pas de main morte. Il paya la faveur de la tante une quarantaine de mille livres, et offrait en même temps à la nièce un bouquet de fleurs naturelles mêlées de diamants pour la somme de quinze mille francs. Il comptait sans doute sur les cinq cent mille livres de la belle pour se récupérer. L'héritière s'avoua vaincue et elle épousa.

Les premières années de cette union furent heureuses. Deux enfants en furent le fruit. Malheureusement la gêne pécuniaire du mari, obligé de vivre entièrement de la dot de sa femme, vint désenchanter Angélique et lui montrer l'impossibilité de dépenser par an 50,000 livres, ainsi qu'elle l'avait espéré et que son époux le lui avait promis. Les dettes contractées par lui alors se révèlent successivement; le dégoût l'emporte, et bientôt il ne reste plus entre les deux époux trace de l'affection qu'ils s'étaient d'abord témoignée.

Suivant l'éternelle loi de la nature, éternellement méprisée par les hommes, ce mariage, fondé sur les calculs de l'ambition au lieu de l'être sur un véritable penchant mutuel, se dissout comme une ligue de hasard, et l'adultère entre chez les Tiquet par la porte de l'ambition trompée.

M. de Montgeorge, capitaine aux gardes, homme de cœur et de plaisir, galant et sensible, enjoué et passionné, supplanta le conseiller maussade et bourru. Tiquet le sut et se mit à fuir son intérieur, pour n'y rentrer que le sourcil froncé et l'amertume aux lèvres. Le premier pas fait dans la vie galante, Angélique Tiquet devait donner des rivaux nombreux à son premier amant.

Mais, bien que les fantaisies de cette femme aussi dépravée que belle, se portassent sur les objets les plus vils et les moins comparables au gracieux capitaine de Montgeorge, celui-ci ignora jusqu'à la fin l'existence de basses intrigues qui lui eussent fait mépriser et détester la belle mdame Tiquet. Elle entoura ses désordres d'un mystère qu'il faut attribuer à l'attachement véritable que lui avait inspiré ce cavalier accompli.

Les dettes croissantes de Tiquet engagèrent bientôt sa femme à plaider en séparation de biens. Pour s'en venger, Tiquet demanda et obtint une lettre de cachet pour faire mettre le capitaine à la Bastille. Il commit l'imprudence de montrer cette lettre de cachet à Angélique, pour l'engager à se débouter de sa demande en séparation. Angélique prit la lettre et la jeta au feu. Tiquet fit alors des démarches pour en obtenir une seconde. On se moqua de lui et on la lui refusa.

La sentence de séparation fut prononcée. L'antipathie entre le mari et la femme s'en accrut, et la présence de Tiquet, qui continuait à habiter un appartement contigu à celui de madame Tiquet, et à la surveiller de très-près, devint telle, que la femme en conçut contre lui des projets homicides.

C'est à cette époque qu'il faut rattacher les pourparlers d'Angélique avec Jacques Moura, son portier, Auguste Cattelain, domestique de place, Claude Des Marques, soldat au régiment des gardes, Philippe Langlet et Claude Roussel, valets du conseiller Tiquet, Jeanne Lemmirant et Marie-Anne Lefort, femmes de chambre, Jean Des Marques, ex-employé aux gabelles, sans occupation, Jeanne Bonnefond, fille de joie, et quelques autres misérables. Seulement on se demandera comment une conjuration aussi vaste put être formée contre la vie d'un seul homme et comment madame Tiquet eut la folie de se donner tant de complices. Cette particularité est plus inexplicable que les imprudences les plus accusatrices reprochées à madame Lafarge, que l'affaire Tiquet rappelle d'ailleurs par tant de points.

Le guet-àpens fut tendu une première fois et le coup vint à manquer. Angélique, effrayée des conséquences que devait avoir un assassinat aussi effronté que celui-là, paya au poids de l'or le silence des coupes-jarrets et les dispersa.

Cependant Tiquet avait défendu à Moura de laisser entrer Montgeorge. Le portier désobéit, le conseiller le chassa et se fit le portier de sa propre maison, fermant la porte lui-même et cachant la clé, la nuit, sous son oreiller. De là, la plaisanterie que madame de Senonville avait voulu lui faire.

Depuis longtemps il n'existait aucun rapport entre madame Tiquet et les misérables apostés une première fois par elle, quand un domestique fut renvoyé de l'hôtel Tiquet. Cet honnête serviteur, s'étant aperçu qu'un bouillon, qu'il portait au conseiller de la part de sa femme, était empoisonné, l'avait renversé, en feignant de tomber pour s'en défaire.

Enfin, et ceci rappelle l'étrange vision que Marie Cappelle prétendit, au Glandier, avoir eue de la mort prochaine de Lafarge, Angélique Tiquet entre un jour chez madame d'Aunoy et raconte avec une vive émotion très-bien jouée, qu'elle a consulté une devineresse et qu'elle lui a ouï dire que, dans deux mois, tous les obstacles à son bonheur seraient aplanis.

« Vous voyez bien, ajouta-t-elle, que je ne puis compter là-dessus, puisque tous mes chagrins me viennent de ce que je suis mal mariée et que M. Tiquet se porte trop bien, pour que je m'attende à un pareil dénouement! »

Cette anecdote est racontée par *Gayot de Pitaval*, qui l'avait empruntée lui-même aux *lettres de madame Dunoyer*.

Tels sont les faits qui ressortirent de l'instruction. Ils furent basés sur les déclarations des divers témoins nommés dans le cours du récit, à commencer par Cattelain lui-même, qui, poussé par ses remords ou par le dépit de n'avoir pas tiré assez d'argent de son attentat, alla déclarer les faits à la justice, comptant sur le bénéfice de sa dénonciation pour avoir sa grâce.

En conséquence Angélique Nicole Carlier, femme Tiquet, fut condamnée, conformément aux Ordonnances, et sur la poursuite de Tiquet, à être décapitée en Grève, et Moura, le portier, à être pendu au même lieu, jusqu'à ce que mort s'en suivit, convaincus tous deux d'avoir, *de complot ensemble, médité et concerté de faire assassiner le sieur* Tiquet, *et, pour parvenir audit assassinat, fourni, à plusieurs fois différentes,* à Cattelain, *les sommes de deniers mentionnées au procès. Condamnés tous deux en outre à être appliqués à la question, pour avoir révélations de leurs complices, sursis au jugement des autres accusés jusqu'après l'exécution des deux condamnés.* (Sentence du Châtelet, du 3 juin 1699).

Cette sentence, accompagnée de confiscation des biens de la prévenue, fut confirmée par arrêt du 17 juin, sauf 120,000 livres adjugées à M. Tiquet, comme réparation civile et pour former une part de fortune aux deux enfants des époux Tiquet.

Tiquet et Montgeorge s'employèrent alors avec une grande diligence pour obtenir la grâce de madame Tiquet; et, si Tiquet n'obtint rien du roi, à cause des viles préoccupations d'intérêt qu'il laissa paraître en pareille circonstance, il est vraisemblable que l'amant eût été plus heureux, auprès du roi, que le mari, lorsque Mgr l'archevêque de Paris représenta à S. M. qu'il fallait un exemple, vu la fréquence des complots formés contre la vie de leurs époux par les dames mécontentes et *incomprises* de cette époque. Le prélat déclarait, bien entendu sans nommer ni désigner personne, que les pénitentes deParis s'accusaient fréquemment de semblables projets, au tribunal de la confession.

L'arrêt avait été prononcé la veille de la Fête-Dieu, et les reposoirs que l'on préparait dans les rues pour la procession, firent remettre l'exécution au vendredi suivant. Ce jour-là, dès cinq heures du matin, la condamnée fut acheminée vers la chambre de la question au Châtelet.

Là, devait se passer une scène extraordinaire, digne de la plume de Schakespeare. Le lieutenant-criminel, qui avait été aussi l'amant d'Angélique Tiquet, la fit mettre à genoux, et, le cœur déchiré par la présence de cette femme charmante prête à monter sur l'échafaud, il accorda, du mieux qu'il put, les sentiments dont il était agité et les devoirs de sa terrible charge, en suppliant Angélique de faire un bon usage du peu de temps qui lui restait et de s'épargner les douleurs de la question par des aveux sans réticence.

— « Monsieur, lui répondit cette femme étrange, avec une éloquence et une présence d'esprit vraiment remarquables, je sens toute la différence entre ma position présente et un passé qui n'est plus, sans que vous me rappeliez cruellement que mon malheur est sans remède et ma mort prochaine. Je suis à vos genoux et vous assis, et vous savez bien que nous avions autrefois chacun un rôle, et chacun une posture bien différente! Cette comparaison s'offre d'elle-même à l'esprit et en dit assez. La mort est proche, soit. Mais, loin de l'envisager avec horreur, sachez que j'y vois la fin de mes maux. Vous me verrez subir la question, monter à l'échafaud et tendre au bourreau ma tête innocente, avec la même fermeté que vous m'avez vue sur la sellette, à la lecture de mon arrêt. »

Le lieutenant-criminel refoula alors en lui les sentiments qui le mettaient lui-même à la torture et commanda que justice eût son cours.

Les forces de cette femme trahirent sa fermeté de caractère. Dès le second *pot d'eau*, elle demanda quartier et avoua tout ce qu'on voulut, hormis une chose : la complicité de Montgeorge au crime qu'elle avait commis. « *Ah!* s'écria-t-elle, *je n'ai eu garde de lui faire confidence : j'aurai perdu son estime!...* »

Tout le Paris d'alors, avide, comme celui d'aujourd'hui, des émotions et des spectacles de toutes sortes, même les plus affreux, se trouva réuni sur le passage de madame Tiquet allant en Grève. Le sol, les fenêtres, les portes et les toits, tout fut couvert depuis le matin d'une multitude de têtes, dominées par la pensée d'en voir tomber une, belle et coupable à la fois s'il en fut jamais.

Réconciliée avec Dieu, Angélique Tiquet parut vêtue de blanc, accompagnée du curé de Saint-Eustache. Elle regardait le peuple d'un air modeste, mais ferme et assuré. Le portier Moura était dans le même tombereau, et elle lui demanda pardon de l'avoir entraîné au crime.

Elle arriva au pied de l'échafaud par une pluie battante, qui n'avait pu lasser la patience des spectateurs. Il pleuvait si fort qu'il fallut attendre. Agélique resta là, debout dans le tombereau, en face du carrosse de deuil, attelé de ses propres chevaux, qui attendait son corps, en face de la potence à laquelle Moura fut pendu devant elle, en face du coutelas qui allait lui trancher la tête. Elle ne pleurait pas; elle priait et chargeait le prêtre de ses adieux pour son mari et ses enfants.

Quant son tour fut venu, elle tendit la main au bourreau, qui n'osa la prendre sans avoir porté la sienne à ses lèvres en signe de respect; puis elle monta.

Sur l'échafaud, elle baisa le billot, accommoda lestement ses cheveux et tendit son col de cygne au tranchant de l'acier.

Le bourreau ébloui la manqua cinq fois...

La tête de madame Tiquet demeura exposée quelque temps aux regards des passants. Elle ne paraissait qu'endormie. Agée de quarante-deux ans et morte, cette tête semblait à l'apogée de la beauté.

Le mari se consola bientôt, après avoir palpé les espèces résultant de la confiscation.

Quant au capitaine de Montgeorge, il se promenait tristement, pendant l'exécution, dans le parc de Versailles. Le soir, le roi lui dit : « Je suis heureux qu'*elle* vous ait pleinement justifié!... » Montgeorge s'inclina sans répondre.

Quelques jours après il fuyait la France et allait promener inutilement, huit mois durant, hors du royaume, avec la permission du monarque, un chagrin qui ne le quitta jamais. Il mourut estimé et plaint par tout le monde.

Cattelain fut condamné aux galères à perpétuité. Les autres furent ajournés indéfiniment ou renvoyés hors de cour.

Telle est l'histoire de ce procès extraordinaire, l'un de ceux dans lesquels, tout en flétrissant le crime avec la sévérité que commande la justice outragée, on se sent entraîné en faveur de la coupable, moins encore à cause de son esprit et de sa beauté, que du sentiment tendre et profond qu'elle fut capable d'inspirer à un galant homme. Elle est intéressante, cette femme, avilie par le meurtre et la débauche, mais jalouse de mourir pure dans l'opinion de celui qu'elle aimait; et elle y serait parvenue sans doute (un amant est facile à convaincre), si la douleur physique ne lui eût arraché l'aveu de son attentat; Montgeorge serait mort à son tour en l'invoquant tout bas comme une sainte, si elle-même n'eût déclaré tout haut qu'elle était vraiment coupable d'*homicide avec préméditation sur la personne de son mari.* L'odieux Tiquet au premier plan, Montgeorge, à peine entrevu au second, le soin que madame Tiquet prenait de sa réputation vis-à-vis de lui, et qui les grandit l'un et l'autre, tout concourt à environner la figure de cette femme, d'une étrange auréole. Les peintres et les poètes comprendront mieux cela que les moralistes et, il paraît aussi, mieux que les phrénologues.

Car, si les artistes peuvent, après le capitaine Montgeorge et deux siècles écoulés, s'éprendre encore, malgré son crime, de la belle madame Tiquet, les phrénologues traitent la mémoire de cette Lafarge d'autrefois avec plus de sévérité. Ils ont fait à la boîte osseuse de son crâne le triste honneur de la prendre, après l'avoir convenablement tournée, retournée et palpée, ne sachant précisément à quel corps elle appartenait, pour celle de la Brinvilliers!

Cette erreur des phrénologues est tout à l'avantage de leur science, puisque, cette fois, au lieu d'avoir à concilier les affirmations de cette science avec les notions antérieures attachées à un nom historique, ils ont mis un nom sur un crâne anonyme, avec une espèce de bonheur.

Des recherches plus attentives ont démontré, depuis la découverte de cette tête, à Versailles, que c'était celle de madame Tiquet. A côté de facultés brillantes, les bosses du meurtre et de la fourberie s'y trouvent fortement accentuées.

Un dernier mot : qui ne serait avec nous frappé de la supériorité de madame Tiquet sur madame Lafarge? Le crime de cette dernière n'a été qu'une intrigue; celui d'Angélique Tiquet a les ressemblances d'une épopée.

Le conseiller Tiquet tombe percé de balles dans une embuscade. C'est le résultat d'une haine que le caractère fâcheux et l'humeur sombre de cet homme expliquent, littérairement au moins. Au rebours, l'infortuné maître de forges du Glandier meurt lamentablement à petit feu des petites drogues que lui fait avaler une femme adorée, entre deux caresses. Là-bas, quelque sauvage grandeur ; ici, une ignoble et hypocrite cruauté.

Angélique Tiquet aime quelqu'un, et montre en ce point, au milieu de ses déportements, un dévouement sincère ; l'œil du moins se repose sur cette partie du tableau. Où trouver quelque chose de pareil dans l'histoire de Marie Cappelle? On ne sait pas seulement si ce rival, dont elle menace son mari la première nuit de ses noces, existe! On ne connaît à l'héroïne du Glandier d'autre attachement passionné que celui de ses aises, d'autre amant que le *comfort* de la vie parisienne, d'autre haine que celle des souliers ferrés et des manières un peu rustiques de son époux.

Condamnée, madame Lafarge soutient de son mieux son rôle de victime innocente ; mais c'est par amour propre. Elle écrit ses mémoires, mais c'est pour le public. Condamnée, madame Tiquet garde un long silence dont elle veut couvrir et envelopper son crime jusque dans la nuit du tombeau ; mais c'est par amour pour un brave capitaine qui doit mieux aimer voir sa maîtresse calomniée que criminelle.

Convaincue de son forfait, elle se hâte de laver dans l'eau du baptême ses mains tachées de sang, et monte, vêtue de blanc et pardonnée, sur la fatale charrette. Marie Cappelle, dans son plus noble élan, est plus spirituelle que touchante : elle envoie à Me Paillet, son avocat, la croix d'honneur de son père. Ce n'est que de la haute comédie.

Dernier trait non moins important, toujours au point de vue littéraire : le ministère public, assiégé sur son fauteuil par les sympathies qu'une première expertise favorable à Marie Cappelle, a fait éclater dans l'auditoire, demande, exige une seconde expertise, et, sous le coup du doute qui le gagne lui-même, s'acharne à la vérité qui lui échappe comme l'arsenic a échappé aux premiers experts. Le geste que son émotion lui arrache est celui du dépit. Mais voyez ce lieutenant-criminel, immobile et pâle sur son tribunal, le cœur déchiré par l'aspect de madame Tiquet au milieu des apprêts de la torture. Le ministère public, dominé par un inflexible devoir, s'attendrit et pleure presque sur la victime. Qui sait si, dans l'instant suprême, l'homme revêtu de cette terrible charge ne souhaita point que, par un miracle, il lui fût donné de se livrer lui-même aux exécuteurs, et de céder sa place à la femme qu'il avait aimée!

Qu'on nous pardonne cette digression. Il n'est pas donné souvent au criminaliste de trouver dans les misères honteuses qui affligent incessamment sa pensée, des éléments aussi vraiment épiques que ceux dont nous venons de faire l'analyse. S'il nous est arrivé de nous attarder complaisamment devant le portrait de madame Tiquet, c'est qu'un peu plus loin nous allons nous trouver face à face avec les visages de deux monstres : la Voisin et la Brinvilliers.

BIBLIOTHEQUE NATIONALE DE FRANCE
3 7531 01562449 8

www.ingramcontent.com/pod-product-compliance
Ingram Content Group UK Ltd.
Pitfield, Milton Keynes, MK11 3LW, UK
UKHW012304240726
13966UKWH00004B/1616